Angewandte Landschaftsökologie
Heft 1

VB - 54

(Verw. SC)

**Büro für Tourismus- und Erholungsplanung &
Planungsbüro Stefan Wirz, Landschaftsplanung**

Landschaftsplanung und Fremdenverkehrsplanung

Erprobungs- und Entwicklungsvorhaben

Abschlußbericht

D1729571

Bundesamt für Naturschutz
Bonn-Bad Godesberg 1994

Bearbeitung: Büro für Tourismus- und Erholungsplanung
Vahrenwalder Str. 7
30165 Hannover
Tel.: (05 11) 93 57-2 60, Fax: (05 11) 93 57-100

Planungsbüro Dipl.-Ing. Stefan Wirz
Landschaftsarchitekt BDLA
Beratender Ingenieur IK Nds
Hallerstraße 28
30161 Hannover
Tel.: (05 11) 34 20 42, Fax: (05 11) 34 20 33

Projektleitung und Koordination: Dr. Wolfgang Harfst
Prof. Dr. Helmut Scharpf
Dipl.-Ing. Stefan Wirz

Sachbearbeitung: Dipl.-Ing. Mathias Behrens-Egge
Dipl.-Ing. Heike Bissbort

Technische Mitarbeit: Ina Gerull
Christiane Gänsrich
Heike Kuck

erarbeitet im Auftrag des Bundesministeriums für Umwelt, Naturschutz und Reaktorsicherheit
Hannover 1993

Herausgegeben von Bundesamt für Naturschutz
Konstantinstraße 110, 53179 Bonn

Für den Inhalt der Arbeiten sind die Verfasser allein verantwortlich.

Nachdruck nur mit Genehmigung des Bundesamtes

Druck: Landwirtschaftsverlag GmbH, Münster-Hiltrup

Diese Veröffentlichung ist zum Preis von DM 36,– beim
Landwirtschaftsverlag GmbH,
Hülsebrockstraße 2, 48165 Münster zu beziehen.

ISBN: 3-7843-2676-5

Titelbild: J. Borchert (BfN)

Gedruckt auf chlorfrei gebleichtem Papier

Bonn-Bad Godesberg 1994

Vorwort

Intakte Natur ist ein wichtiger Faktor für die wirtschaftliche Standortqualität. Besonders deutlich wird dies im Bereich des Fremdenverkehrs. Die Vielfalt, Eigenart und Schönheit von Natur und Landschaft sowie das kulturelle Erbe sind das Kapital, von dem der Fremdenverkehr in erster Linie lebt. Geht es verloren, dann verliert auch der Fremdenverkehr langfristig seine wirtschaftliche Existenzgrundlage.

Zielsetzungen und Strategien des Naturschutzes und der Landschaftspflege sowie des Fremdenverkehrs müssen demzufolge weitgehend konform konzipiert werden. Zukunftsweisend und erfolgversprechend kann nur eine Kooperation beider Bereiche sein, die auch zu ökologisch tragfähigen Fremdenverkehrsplänen führt.

Der vorliegende Forschungsbericht liefert hierfür eine Fülle von Anregungen. Er schildert die Vorgehensweise und die Ergebnisse eines im Auftrag des Bundesministeriums für Umwelt, Naturschutz und Reaktorsicherheit durchgeführten und vom Bund und von den beteiligten Ländern (Schleswig-Holstein, Niedersachsen und Baden-Württemberg) und Gemeinden (Süsel, Bad Zwischenahn und Baiersbronn) gemeinsam finanzierten Modellvorhabens. Im Rahmen dieses Vorhabens sollten die bestehenden Verfahren der Landschafts- und Fremdenverkehrsplanung verbessert und eine Koordinierung beider Planarten an ausgewählten Beispielen erprobt werden.

Die Fallbeispiele zeigen, daß eine Kooperation von Landschaft- und Fremdenverkehrsplanung nicht nur möglich ist, sondern auch Erfolg verspricht. Die Ziele des Naturschutzes und der Landschaftspflege können bei einer gleichzeitigen Erarbeitung der Planungskonzepte frühzeitig in die Fremdenverkehrsplanung integriert werden. Andererseits kann sich auf diese Weise auch die Landschaftsplanung unter Würdigung der Grundlagen, die sie für alle Schutzgüter des Bundesnaturschutzgesetzes erarbeitet hat, frühzeitig mit den Vorstellungen der Fremdenverkehrsplanung auseinandersetzen. Eine möglichst frühzeitige Einbeziehung der kommunalen Entscheidungsträger sowie der betroffenen Verbände und Vereine in den Planungsprozeß fördert die spätere Akzeptanz der Planungen wesentlich. Damit werden auch die Voraussetzungen für die Umsetzung der Planungsergebnisse verbessert.

Die Erkenntnisse des Forschungsvorhabens wurden auf einer Fachtagung des Bundes Deutscher Landschafts-Architekten (BDLA) mit Kommunal- und Landesvertretern, Fremdenverkehrsfachleuten und Landschaftsplanern diskutiert. Die Tagungsteilnehmer waren sich darin einig, daß der Fremdenverkehr nur in umweltfreundlicher Form genügend Zukunftschancen hat. Die hierfür im Forschungsvorhaben aufgezeigten Wege sollten sowohl in den alten als auch in den neuen Bundesländern beschritten werden.

Prof. Dr. Klaus Töpfer
Bundesminister für Umwelt,
Naturschutz und Reaktorsicherheit

Geleitwort

Das Bundesamt für Naturschutz (BfN) legt hiermit das erste Heft seiner neuen Schriftenreihe "Angewandte Landschaftsökologie" vor. Diese tritt als dritte Schriftenreihe des Bundesamtes neben die "Schriftenreihe für Vegetationskunde" und die "Schriftenreihe für Landschaftspflege und Naturschutz".

In der neuen Reihe werden in loser Folge Berichte aus Projekten erscheinen, die das Bundesamt für Naturschutz mit Mitteln des Bundesministeriums für Umwelt, Naturschutz und Reaktorsicherheit (BMU) gefördert hat. Förderrichtlinien für Projekte können beim Bundesamt für Naturschutz angefordert werden.

In diesem Heft wird zunächst ein "Erprobungs- und Entwicklungsvorhaben" vorgestellt, in weiteren Bänden sollen auch "Forschungs- und Entwicklungsvorhaben" oder "Naturschutzgroßprojekte" vorgestellt werden. Das BMU hat die fachliche Betreuung und die Verwaltung dieser Fördertitel in den letzten Jahren nach und nach dem BfN übertragen. Dies entspricht einer zeitgemäßen Verteilung der Aufgaben zwischen Ministerialinstanz und wissenschaftlicher Bundesoberbehörde. Das BfN verfügt seit Sommer 1993 auch über eigene Arbeitseinheiten, in denen die fachlichen und haushaltsmäßigen Aufgaben der Projektbetreuung konzentriert sind. Die Projektergebnisse, die bisher in unterschiedlicher Form und an den verschiedensten Orten veröffentlicht wurden oder nur als "graue Literatur" verfügbar waren, werden nun an zentraler Stelle und in einheitlicher Aufmachung herausgebracht.

Es ist nicht an eine vollzählige Veröffentlichung der Abschlußberichte aller Förderprojekte gedacht. Das Bundesamt für Naturschutz (BfN) wird unter den Berichten diejenigen auswählen, die für die Weiterentwicklung des Naturschutzgedankens, als Anstoß für die Naturschutzforschung und für eine Umsetzung in den Politikbereich besonders geeignet erscheinen.

Die Schriftenreihe wendet sich vor allem an diejenigen, die in Naturschutzpolitik und -praxis oder in der Forschung an landschaftsökologischen Fragen arbeiten. Sie ist auch für Praktiker gedacht, die bei Landkreisen, Gemeinden oder Verbänden Naturschutz und Landschaftspflege betreiben und nähere Information über wissenschaftlich fundierte Naturschutzvorhaben suchen. Für Wissenschaftler und Planer wird die Schriftenreihe, so hoffen wir, neue Anregungen zur Gestaltung ihrer Arbeit enthalten.

Prof. Dr. Martin Uppenbrink
Präsident des Bundesamtes für Naturschutz

Inhaltsverzeichnis

Abbildungsverzeichnis

Tabellenverzeichnis

Einleitung

Das Bundesministerium für Umwelt, Naturschutz und Reaktorsicherheit (BMU) hat im Januar 1988 die Durchführung eines Erprobungs- und Entwicklungsvorhabens "Landschaftsplanung und Fremdenverkehrsplanung" (im folgenden: E+E-Vorhaben) beschlossen.

Zur Konkretisierung der konzeptionellen und inhaltlichen Schwerpunkte der Hauptuntersuchung wurde zunächst eine Vorstudie in Auftrag gegeben (SCHARPF & WIRZ, 1988).

Die in dem Vorhaben gewonnenen Erkenntnisse sollen dazu beitragen, die bestehenden Verfahren der Landschafts- und der Fremdenverkehrsplanung zu verbessern sowie eine Koordinierung dieser Planungsarten zu erproben. Auf diese Weise soll einerseits eine "landschaftsschonende" Gestaltung des Fremdenverkehrs im Sinne des Bundesnaturschutzgesetzes erreicht, anderseits die motivierende und fördernde Kraft des Fremdenverkehrs für die Belange von Naturschutz und Landschaftspflege aktiviert werden.

Im Rahmen des E+E-Vorhabens wurden für drei in unterschiedlichen Bundesländern und Naturräumen gelegene Fremdenverkehrsgemeinden jeweils von unterschiedlichen Fachbüros modellhaft koordinierte Landschafts- und Fremdenverkehrsplanungen erarbeitet. Koordination und Auswertung des Gesamtvorhabens wurden dem Planungsbüro Wirz und Herrn Prof. Dr. Scharpf (Büro für Tourismus- und Erholungsplanung) übertragen.

Während der Laufzeit des Vorhabens veränderten sich durch Wegfall der innerdeutschen Grenzen die politischen Rahmenbedingungen. Es schien zweifelhaft, daß die in den westdeutschen Modellgemeinden gewonnenen Erkenntnisse auch auf die neuen Bundesländer übertragbar sind. Um Fehlinterpretationen und Fehlanwendungen zu vermeiden - eine Erweiterung um eine ostdeutsche Modellgemeinde war aus unterschiedlichen Gründen nicht möglich - wurde eine Expertentagung mit Ost/West-Beteiligung durchgeführt. Hierbei konnten notwendige Klärungen herbeigeführt werden.

Der hier vorgelegte Endbericht zum Vorhaben faßt die Ergebnisse der Modellplanungen und des Expertenhearings zusammen, interpretiert die unterschiedlichen Erfahrungen und diskutiert künftige Anwendungsmöglichkeiten in der Planungspraxis.

1   Aufgabenstellung

Zielsetzung des Erprobungs- und Entwicklungsvorhabens "Landschaftsplanung und Fremdenverkehrsplanung" (im folgenden E+E-Vorhaben) ist, aufzuzeigen

- <u>wie</u> durch eine verbesserte Koordinierung von Landschafts- und Fremdenverkehrsplanung eine umweltschonende Tourismusentwicklung vorbereitet bzw. eingeleitet werden kann und

- <u>inwieweit</u> ein koordiniertes Vorgehen dazu beitragen kann, die motivierende und fördernde Kraft des Fremdenverkehrs dazu einzusetzen, die Erfordernisse von Naturschutz und Landschaftspflege verstärkt in die Tat umzusetzen. Diese Aufgabenstellung ordnet sich ein in die von Wissenschaft und Praxis z.Z. geführte intensive Diskussion zur Effektivierung der Landschaftsplanung.

- Im Rahmen der beiden voranstehenden Aufgabenstellungen sollen darüber hinaus Vorschläge zur Verbesserung der bestehenden Verfahren der Landschafts- und der Fremdenverkehrsplanung unterbreitet werden.

  Ein besonderes Augenmerk gilt hierbei Verfahrensweisen und Inhalten einer Tourismusplanung, die den Aspekt der vorsorgenden Umweltsicherung gleichrangig mit fremdenverkehrswirtschaftlichen Belangen einbezieht. Es wird erwartet, daß das Vorhaben für künftige Fremdenverkehrsplanungen in differenzierter Form Orientierungen liefert.

Das E+E-Vorhaben gliedert sich in eine Vor- und Hauptstudie und wird ergänzt durch Ergebnisse einer Experten-Tagung (s. Abb. 1).

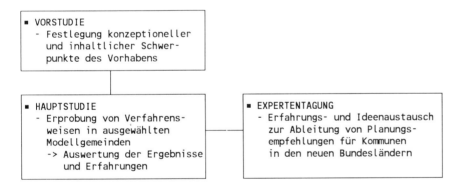

Abb. 1: "Bausteine" des E+E-Vorhabens

- Im Rahmen einer <u>Vorstudie</u> wurden von SCHARPF & WIRZ (1988) die konzeptionellen und inhaltlichen Schwerpunkte herausgearbeitet. Auf einzelne Inhalte - hierzu gehört auch die Organisation des Arbeitsprozesses des Gesamtvorhabens - soll an dieser Stelle nicht eingegangen werden. Im Laufe der weiteren Ausführungen wird - jeweils problembezogen - auf diese Arbeit Bezug genommen.

- Sowohl für Auftraggeber als auch für Auftragnehmer war von vornherein klar, daß es in dem Vorhaben primär nur darum gehen konnte, bestimmte Verfahrensweisen zu erproben, die geeignet erscheinen, die o.a. drei Zielsetzungen zu erfüllen. Eine weitere Begleitung der Planungen im Sinne einer Wirkungsanalyse ("Welche Ergebnisse der Planungen werden in die Tat umgesetzt?") konnte nicht Bestandteil dieses Vorhabens sein. Diese Erprobung des in der Vorstudie herausgearbeiteten Ansatzes erfolgte in der hier zur Diskussion stehenden Hauptstudie. Ausgewählt wurden drei Fremdenverkehrsgemeinden in verschiedenen Bundesländern, die einen qualitativ und quantitativ sehr unterschiedlichen touristischen Entwicklungsstand aufweisen.[1]

  In allen drei Gemeinden wurden jeweils zwei Planungsbüros beauftragt, einen Fremdenverkehrsentwicklungsplan sowie einen Landschaftsplan zu erarbeiten. Die Koordination der Teilprojekte in den drei Gemeinden sowie die Auswertung der Ergebnisse und Erfahrungen wurde dem Planungsbüro Wirz sowie Herrn Prof. Dr. Scharpf (Büro für Tourismus- und Erholungsplanung) übertragen.

  Diese Erprobung in praktischen Planungssituationen kann empirisch gestützte Hinweise liefern, wie künftig Planungsprozesse der Landschafts- und der Fremdenverkehrsplanung bei einem koordinierten Vorgehen strukturiert und inhaltlich ausgeführt werden sollten.

  Inwieweit die vorgeschlagenen Verfahrensweisen tatsächlich zu einer verstärkten Umsetzung von in der Landschaftsplanung vorgeschlagenen Maßnahmen führen, muß einer späteren Wirkungsanalyse vorbehalten bleiben, die über einige Jahre hinweg im Rahmen einer Begleitforschung realisiert werden sollte.

- Innerhalb des Bearbeitungszeitraumes des E+E-Vorhabens sorgte die Wiedervereinigung beider deutscher Staaten für veränderte planerische Rahmenbedingungen. Der vorgegebene finanzielle und zeitliche Rahmen ließ es nicht mehr zu, ostdeutsche Gemeinden in die Erprobungsphase miteinzubringen. Alle Beteiligten waren sich jedoch darüber im klaren, daß die in den westdeutschen Modellgemeinden gewonnenen Erfahrungen und Erkenntnisse nicht ohne weiteres auf ostdeutsche Kommunen übertragen werden können.

  Um dieses "Aussagedefizit" wenigstens annäherungsweise zu kompensieren, wurde es den Gutachtern über eine Zusatzfinanzierung ermöglicht, eine Experten-Tagung[2] durchzuführen. Im Rahmen dieser Intensivveranstaltung wurden mit ost- und westdeutschen Fachleuten aus den Bereichen Tourismus und Landschaftsplanung die im Vorhaben anstehenden Aufgaben diskutiert und im Hinblick auf Ostdeutschland präzisiert. Anhand der Ergebnisse dieser Tagung konnte herausgearbeitet werden, wie unter den herrschenden Bedingungen in den neuen Bundesländern - die geprägt sind durch Informationsdefizit, fehlendes Fachpersonal, unzureichende finanzielle Ressourcen etc. - Landschafts- und Fremdenverkehrsplanung in einer mehrjährigen Übergangsphase konzipiert werden sollten (vgl. Kap. 8).

---

[1]   Auswahl und Kurzdarstellung der Gemeinden vgl. Kap. 3 und 5

[2]   Dreitägige Veranstaltung "Entscheidungshilfen der Landschaftsplanung un der Fremdenverkehrsplanung für Entwicklungs- und Schwellengemeinden insbesondere in den neuen Bundesländern", Hannover 8.-10. Okt. 1991

2   Konzeption des Vorhabens

Die dem E + E-Vorhaben zugrunde liegende Aufgabenstellung ist im Rahmen der bereits angeführten Vorstudie inhaltlich konkretisiert worden. Die dort formulierten "Kernthesen" - ergänzt durch Arbeitsergebnisse der "Expertentagung Ostdeutschland" - bestimmen das die Hauptstudie leitende Erkenntnisinteresse.

Die differenzierte Aufgabenstellung im Sinne von Leitprinzipien soll im folgenden näher erläutert werden.

1. Aufgabe: den Fremdenverkehr landschaftsverträglicher gestalten

Das Vorhaben geht von der Einschätzung aus, daß - trotz vielfältiger anderslautender Programmatik - auf der Ebene konkreter Handlungsprogramme eine Fremdenverkehrspolitik betrieben wird, die dem Vorsorgegedanken unzureichend Rechnung trägt. Tourismuspolitik muß sich jedoch - vor dem Hintergrund wachsender Umweltbelastungen, Ressourcenknappheit und einer wachsenden Nachfrage nach "naturnahen" Gebieten - daran messen lassen, wieweit sie mit dazu beiträgt, die natürlichen Grundlagen generell und speziell für die Freizeit und Erholung langfristig zu sichern.

Die Einlösung dieses Anspruches ist insbesondere am Grad der Umsetzung der folgenden Prinzipien zu messen:

- **Langfristige Ausrichtung**

  Als Kriterium des touristischen Erfolges muß neben die ökonomischen Erfolgsgrößen die der langfristigen Sicherung der natürlichen Erholungsgrundlagen treten (Umwelt-/Erholungsqualität). Die "Verbrauchsmentalität" gegenüber der Landschaft muß abgelöst werden durch eine "Gebrauchsmentalität". Diese Argumentation zielt darauf ab, den Umweltschutz- und Vorsorgegedanken nicht nur auf das enge Feld von Naturschutz und Landschaftspflege zu begrenzen, sondern auch zu einem aktiv betriebenen Anliegen innerhalb der Tourismuspolitik zu entwickeln. Diese trat bislang nur selten direkt als Träger von Maßnahmen zur Landschaftserhaltung und -entwicklung in Erscheinung (vgl. SCHEMEL, SCHARPF & HARFST, 1987). Der Tourismus muß die landschaftlichen Gegebenheiten als standortbegründende Faktoren im Rahmen eines langfristigen Denk- und Politikansatzes schonend und entwickelnd behandeln.

  Diese Sichtweise wird durch die aktuellen Trends in der touristischen Nachfrage unterstützt. Landschaftsbezogene Erholungsqualität - die Qualität der Angebote zur Wahrnehmung und Erfahrung von Natur und Landschaft, Naturnähe, Identität und Schönheit - haben für die Erholungssuchenden eine steigende Bedeutung. Damit muß auch die Schnittmenge touristischer und landschaftspflegender Ziele wachsen. Diese gilt es konzeptionell aufzuarbeiten und planerisch umzusetzen.

- **"Primat der landschaftsökologischen Verträglichkeit"**

Unterschiedliche Interessen sind immer einzelfallbezogen, das heißt von Projekt zu Projekt abzuwägen. Eine qualitative Fremdenverkehrsplanung hat jedenfalls irreversible, unverhältnismäßig harte Eingriffe in den Landschaftshaushalt auszuschließen. Das "Primat der landschaftsökologischen Verträglichkeit" bedeutet, daß bei richtungsweisenden tourismuspolitischen Entscheidungen mit langfristigen Folgewirkungen ausschließlich Entwicklungen im Rahmen der - zu definierenden - natürlichen Leistungsfähigkeit zugelassen werden können. Die Leistungsfähigkeit des Landschaftshaushalts wird damit zur restriktiven Rahmenbedingung der Verwirklichung gesellschaftlicher und ökonomischer Ziele in der Fremdenverkehrsgemeinde.

2. Aufgabe: Lösungen und Verfahrensweisen zur Verwirklichung eines landschaftsverträglichen Fremdenverkehrs mit Hilfe der Landschaftsplanung erproben; Effektivierung der Landschaftsplanung

Die allseits beklagten Umsetzungsdefizite in der Landschaftsplanung haben ihre Ursache weniger im (noch) mangelnden Wissen über Struktur und Funktion des Naturhaushaltes; vielmehr treffen die neuen umwelt- und tourismuspolitischen Vorstellungen auf hemmende Anschauungen und Organisationsstrukturen in den Gemeinden bzw. deren politischem Umfeld.

Dem Instrument "Landschaftsplanung" wird zwar vom gedanklichen Ansatz her eine hohe Bedeutung beigemessen, um den Vorsorge- und Umweltschutzgedanken in die Gemeinde hineinzutragen. Faktisch jedoch verfügen z.Z. weniger als die Hälfte der großen Fremdenverkehrsgemeinden über einen eigenen Landschaftsplan. Er gilt als umsetzungsschwach, weil er in der Kommunalpolitik vielfach immer noch als unbequeme "Verhinderungsplanung" betrachtet wird. Offen muß daher im Augenblick noch die Frage nach der Steuerungsfähigkeit dieses Instruments für das kommunale fremdenverkehrspolitische Agieren bleiben.

In dieser Situation gilt es, neue Wege zu finden, um die Landschaftsplanung so zu verankern, daß sie nicht nur in der Theorie, sondern auch im tatsächlichen kommunalen Handeln eine Rolle spielt. Zentraler Ansatzpunkt zur Effektivierung der Planung in diesem Sinne ist hierbei die Klärung der Frage, wie die Akzeptanz der als Folge von Landschaftsplanung erkennbar werdenden Erfordernisse und Maßnahmen erhöht werden kann.

3. Aufgabe: Beitrag zur Bestimmung von Inhalten, Verfahrensablauf, Methodik und Organisation der Fremdenverkehrsplanung

Die Fremdenverkehrsplanung ist - im Gegensatz zur Landschaftsplanung - als eigenständige Fachplanung gesetzlich nicht geregelt. Weder über ihre Inhalte noch deren Integration in die räumliche Gesamtplanung besteht ein verbindlicher Konsens. Eine eindeutige Zuordnung zu einer Behörde besteht ebenfalls nicht.

Ein aus tourismuspolitischer Sicht relevanter Aspekt - die Erholungsvorsorge im Bereich landschaftsbezogener Erholung - ist in den Naturschutzgesetzen des Bundes und der Länder als landschaftspflegerische Teilaufgabe definiert. Sie gehört mit zum Aufgabenbereich der Naturschutzbehörden. Das Spektrum der tourismusrelevanten Aspekte ist jedoch weitaus größer - die Zuständigkeit hierfür erstreckt sich auf die Wirtschaftsministerien, die Verkehrsplanungsbehörden bzw. die Verkehrsträger bis hin zum Gastgewerbe, zur Freizeit-/Urlaubsindustrie und zu den Gemeinden. Die Maßnahmenvorschläge der Fremdenverkehrsplanung beziehen sich auf viele Bereiche, für die nur begrenzt direkte Steuerungsmöglichkeiten bei den Gebietskörperschaften liegen. Dies bedeutet nicht nur für eine umsetzungsorientierte Fremdenverkehrsplanung ein grundsätzliches organisatorisches Problem. Es erschwert auch insbesondere das Anliegen dieses E+E-Vorhabens, am Umweltschutz orientierte Inhalte in die Fremdenverkehrsplanung einzubringen. Es stellt sich mithin die Aufgabe, Organisationsstrukturen zu finden und in die Diskussion zu bringen, die diesen Prozeß ermöglichen.

4. Aufgabe: Diskussionsbeitrag zur Position von Naturschutz und Landschaftspflege bezüglich des Nutzungsanspruches Erholung

Die von PFLUG (1982) gestellte Frage *"Dürfen Naturschutz und Landschaftspflege Fachplanung für den Nutzungsanspruch Erholung sein?"* wird seit Jahren in der Fachwelt kontrovers diskutiert, ohne eine konsensfähige Antwort zu finden. Auch der Gesetzgeber hat keine eindeutigen Konsequenzen gezogen. Vor dem Hintergrund dieser unbefriedigenden Situation sollen die Erfahrungen und Ideen aus dem E+E-Vorhaben diskutiert und ausgewertet werden, um einen Beitrag zur Problemlösung zu liefern.

5. Aufgabe: Überprüfung des Lösungsansatzes unter den Bedingungen der neuen Bundesländer

Mit dem deutschen Vereinigungsprozeß ist im Verlauf des Vorhabens eine Situation eingetreten, die den Fragen der Umweltvorsorge, der Effizienz kommunaler Umweltpolitik und der Tourismusentwicklung einen zusätzlichen Stellenwert gegeben hat.

Insbesondere strukturschwache, ländliche Gemeinden in den neuen Bundesländern sehen sich heute einer Fülle von Angeboten zur Realisierung von touristischen Großprojekten gegenüber. Häufig wird in diesen peripheren Räumen eine touristische Entwicklung als die einzige Chance zur kurzfristigen Verbesserung der wirtschaftlichen Situation angesehen. Zwangsläufig werden dabei Aspekte des Ressourcenschutzes in den Hintergrund gedrängt, empfindliche und wertvolle Landschaftsräume geraten in die Gefahr eines raschen Ausverkaufes. Die Verfechter einer angemessen vorsichtigen, bezüglich ihrer ökologischen Konseqenzen durchdachten Entwicklungs- und Investitionspolitik geraten schnell in die Rolle der wirtschaftlichen "Bremser". Unter diesen Rahmenbedingungen erscheint es erforderlich, die Vorgehensweise und Organisationsform einer langfristig tragfähigen touristischen Entwicklung abzustecken.

Es stellt sich daher die Frage der Übertragbarkeit der Ergebnisse aus dem E+E-Vorhaben, das auf die alten Bundesländer hin ausgerichtet war, auf die Situation in Ostdeutschland (vgl. Experten-Tagung, Kap. 8).

Für die komplexe landschafts- und fremdenverkehrsplanerische Problemstellung sind Lösungen zu finden, die gegenüber der bisherigen Praxis eine größere Zielerfüllung des Gesamtsystems ermöglichen.

Im Vorhaben wurde von der These ausgegangen, eine integrative Bearbeitung der Bereiche Landschafts- und Fremdenverkehrsplanung sei geeignet, neuartige Lösungswege zu entwickeln und das Gesamtsystem zu optimieren. So sei zu erproben, wieweit dem Ziel der Umweltvorsorge, der Landschaftserhaltung und -entwicklung durch eine gezielte Kooperation von Landschaftsplanern und den Vertretern des Tourismus näher gekommen werden kann.

Die erforderlichen Innovationen sind dabei in doppelter Hinsicht zielkonform auszugestalten: Das zu entwickelnde Ziel- und Maßnahmenpaket muß sich sowohl tourismuswirtschaftlich lohnen als auch gleichzeitig dazu beitragen, daß landschaftliche Qualität, bauliche und soziale Identität erhalten bzw. entwickelt werden können.

Der Zusammenarbeit und Verknüpfung der Planungen liegen die folgenden Überlegungen zugrunde. Wie in der Vorstudie dargestellt, spielen Naturschutz und Umweltvorsorge in der Fremdenverkehrsplanung bislang eine allenfalls programmatische Rolle (vgl. dazu auch SCHEMEL u.a., 1987). Die Landschaftsplanung unterbleibt häufig ganz bzw. sie hat aufgrund der mangelnden Verbindlichkeit (kein Zwang zur Übernahme ihrer Ziele und Maßnahmen in die Flächennutzungsplanung) Umsetzungsprobleme. Gleichzeitig gehen die wesentlichen touristischen Initiativen häufig von privaten Anbietern und Investoren aus. Typischerweise haben die Gemeinden selbst Steuerungsprobleme bezüglich ihrer eigenen touristischen Entwicklung. Die als erforderlich angesehene gezielte Verknüpfung landschaftsplanerischer Inhalte mit einer Fremdenverkehrskonzeption ist somit in der derzeitigen Praxis schon aus organisatorischen Gründen schwer möglich.

Eine verzahnte Zusammenarbeit von Landschafts- und Fremdenverkehrsplanern sowie möglichst allen tourismusrelevanten Akteuren soll diesen Defiziten gegensteuern.

Ein direkter und kontinuierlicher Austausch zwischen Landschafts- und Fremdenverkehrsplanung bietet die Chance,
1. landschaftspflegerische Argumente direkt in die Fremdenverkehrsplanung hineinzutragen,
2. Umweltschutzaspekte wenigstens teilweise mit ökonomischen Interessen verknüpfen zu können (da eine erfolgreiche Tourismuswirtschaft u.a. auf eine Erholungslandschaft mit Mindeststandards bezüglich der Umweltquali-

tät angewiesen ist, bestehen hier potentielle gleichgerichtete Interessen, die es im Sinne des Umweltschutzes zu nutzen gilt),

3. aufeinander abgestimmte Konzepte und Maßnahmenpakete zu erarbeiten, die kommunalpolitisch wirkungsvoll erscheinen.

Insbesondere der dritte, die kommunalen Interessen berührende Punkt, ist geeignet, dem Konzept zu politischer Akzeptanz zu verhelfen:

(A)   Die Gemeinden stehen immer mehr vor dem Problem der Legitimation kommunalen Handelns. Ein Hinweis auf abgestimmte Planungen und insbesondere auf ein sowohl über ökologische wie ökonomische Belange begründetes kommunales Handeln kann zur Legitimation entsprechender Maßnahmen beitragen.

(B)   Im Verfahrensablauf von Planungen werden zeitliche Verzögerungen - bedingt durch erforderliche Abstimmungen, Beteiligungen - zu einem zunehmenden Problem. Ein Nachweis bereits abgestimmter Planungen, insbesondere der Berücksichtigung landespflegerischer Inhalte in einer touristischen Entwicklungsplanung, wird im Behördenverfahren beschleunigend wirken.

(C)   Schließlich ist Landschaftsplanung über die ihr bisher zugewiesene restriktive Rolle hinaus in der Lage, der Gemeinde auch als "Ideenlieferant" zu nutzen (Stichworte: Entwicklung von Wohnumfeldqualität, Hinweise auf natürliches Erholungspotential und dessen Entwicklungsmöglichkeiten, Aufzeigen von Möglichkeiten zur landwirtschaftlichen Strukturpolitik).

Ziele und Maßnahmen bleiben wirkungslos, wenn ihre Sinnhaftigkeit von den Betroffenen nicht erkannt und mitgetragen wird. Aus diesem Grunde wurde im E+E-Vorhaben eine Arbeitsform gewählt, in der die vor Ort betroffenen, handelnden und entscheidenden Institutionen, Vereine und Verbände von Beginn an in die Untersuchung einbezogen werden (Bildung einer begleitenden Arbeitsgruppe; im folgenden: AG).

Eine Beteiligung der betroffenen Interessengruppen und Akteure im Planungsprozeß läßt Vorteile sowohl für die Arbeit selbst (Verbreiterung der Informationsbasis, Setzung von Prioritäten) als auch bei Akzeptanz und Umsetzung der abgeleiteten Ziele und Maßnahmen erwarten. Statt - wie bei Planungsabläufen sonst üblich - Interessenvertreter mit bereits weitgehend fertiggestellten Ergebnissen zu konfrontieren, bietet eine Beteiligung von Beginn an die Chance, auf kritische Impulse einzugehen und diese in die Planung zu integrieren. So kann es gelingen, die Planung zum Anliegen der Betroffenen zu machen. Eine Nutzung der Arbeitsgruppe als "Vor-Parlamentarischer Raum" hilft bei der Auslotung von Handlungs- bzw. Umsetzungsmöglichkeiten.

Darüber hinaus dient die begleitende AG dazu, die Planer auf die örtlich vordringlichen Fragestellungen zu verpflichten. Ohne eine solche "Kontrolle" geschieht es in manchen Planwerken, Lösungsvorschläge vorbei an der kommunalen Bedürfigkeit zu entwickeln ("Finden von Antworten auf irrelevante Fragen").

Bereits in der Vorstudie wurde der Verfahrensablauf eines koordinierten Planungsprozesses grob umrissen, der in der Hauptstudie in der Praxis erprobt werden sollte. Abbildung 2 gibt ihn wieder.

Folgende Annahmen bestimmen diesen Entwurf:

- Koordination wird nicht als einmaliger Verfahrensschritt verstanden, sondern vollzieht sich über den gesamten Planungsprozeß hinweg. Dies - so die zugrundeliegende These - reduziert beiderseits den Bearbeitungsaufwand, führt auf Grund des kooperativen Vorgehens zu neuartigen Problemlösungen und erhöht die wechselseitige Akzeptanz für die Ziel- und Maßnahmenplanung.

- koordiniertes Vorgehen führt ferner dazu, daß das touristische Maßnahmenprogramm (und auch vorgeschlagene Einzelvorhaben) eingebunden werden in eine landschaftsplanerische Gesamtkonzeption. Sie können dadurch unmittelbar und vorsorgend "umweltschonend" konzipiert werden. An diesen, in der Vorstudie entwickelten Verfahrensablauf knüpfen die nachstehenden, weiterführenden Überlegungen an. Sie bestimmen einerseits die Konzeption der Hauptstudie, stecken andrerseits aber auch die Grenzen ab, innerhalb deren die unter 1.1 genannten Ziele im Rahmen des Vorhabens realisiert werden können.

Zur Abklärung des Untersuchungsansatzes und der zu wählenden Vorgehensweise in den Modellgemeinden wurde an die strukturellen Bedingungen angeknüpft, unter denen kommunale Fremdenverkehrs- und Landschaftsplanung erfolgen. Die Aufgabe eines Fremdenverkehrsplaners auf kommunaler Ebene besteht darin, auf der Basis eines räumlich und sachlich konkretisierten Zielkonzeptes ein Maßnahmenprogramm für die Entwicklung des touristischen Angebotes und dessen Vermarktung zu erstellen. Es ist Aufgabe der kommunalen Gebietskörperschaft, die ihr zur Verfügung stehenden Instrumente so einzusetzen, daß die öffentlichen wie privaten Akteure, die die Entwicklung des Fremdenverkehrs beeinflussen, bei ihren Maßnahmen den Fremdenverkehrsplan zur Richtschnur ihres Handelns machen.

Akteure, die im Rahmen der kommunalen Entwicklung des Fremdenverkehrs besondere Bedeutung haben, sind:
- Land/Bund (Förderrichtlinien, Kurortbestimmungen, Ferienregelungen usw.),
- die betreffende Kommune selbst (ihr Instrumentarium umfaßt u.a. Öffentlichkeits- und Aufklärungsarbeit, ordnungsrechtliche Maßnahmen, Satzungen, Gebührenordnung, Planungsmaßnahmen),
- private Investoren (mit zentralem Einfluß auf die touristische Entwicklung. Ihre aus einzelbetrieblicher Sicht getroffenen Investitionsentscheide gilt es insbesondere in einen touristischen Entwicklungsrahmen einzubinden),
- eine große Zahl von Fachbehörden (Straßenbaubehörden, Agrarplanung, Naturschutzbehörden usw.) (beeinflussen mit ihren Vorgaben bzw. Maßnahmen ganz entscheidend die touristische Entwicklung in einer Gemeinde).

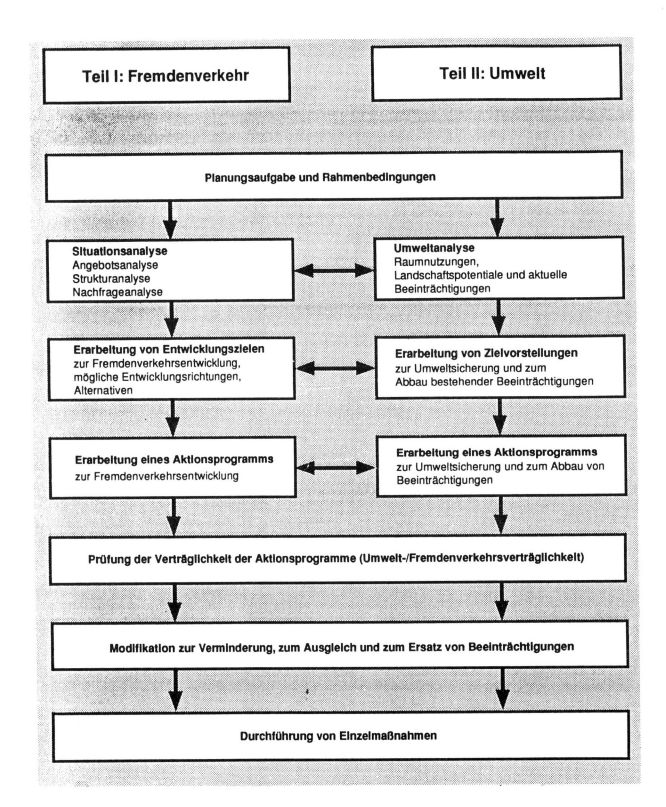

Abb. 2: Koordiniertes Vorgehen von Landschafts- und Fremdenverkehrsplanung im E+E-Vorhaben (nach SCHARPF & WIRZ, 1988, S. 59)

Vor diesem Hintergrund und eingedenk der Tatsache, daß Fremdenverkehrsplanung keine eigenständige Fachplanung darstellt, sondern ein Teilbereich kommunaler Entwicklungsplanung, ergibt sich folgende Funktionsbestimmung für die Fremdenverkehrsplanung.

Sie ist

- gestaltende und räumlich-strukturelle Planung (was ist sinnvoll, wo und wie sollen Maßnahmen (Projekte) realisiert werden?)

- koordinierende Planung (sie ist darauf angewiesen, öffentliche und private Maßnahmen zu bündeln),

- sie ist strategische Planung, indem sie aufzeigt, welche Wege beschritten werden müssen, um das in die Zukunft weisende touristische Maßnahmenprogramm umsetzen zu können (Schaffung entsprechender Handlungsspielräume).

Hier bestehen unmittelbar Parallelitäten zum Landschaftsplan. Der Landschaftsplan ist das zentrale Instrument zur Realisierung der im Bundesnaturschutzgesetz bzw. in den Ländergesetzen verankerten Zielsetzungen von Naturschutz und Landschaftspflege. Im Landschaftsplan wird ein räumlich differenziertes Zielkonzept abgeleitet, das der Sicherung und Entwicklung der natürlichen Ressourcen dient. Die darauf basierende Maßnahmenlösung kann nur dann wirkungsvoll umgesetzt werden, wenn kommunale Instrumente, diejenigen anderer Fachplanungen sowie private Aktivitäten und die der Naturschutzbehörden am Landschaftsplan orientiert und koordiniert eingesetzt werden.

Die voranstehend vorgenommene Funktionsbestimmung für die Fremdenverkehrsplanung kann daher auch auf die Landschaftsplanung übertragen werden. Es ist heute eine sich in der landschaftsplanerischen Praxis durchsetzende Erkenntnis, daß Landschaftsplanung nicht nur räumliche Strukturplanung unter ökologischen und gestalterischen Gesichtspunkten ist. Sie muß sich vielmehr künftig verstärkt den Aufgaben der Maßnahmenkoordination und deren strategischer Umsetzung zuwenden. Erfolgreiche Landschaftsplanung im Sinne der Umsetzung vorgeschlagener Maßnahmen wird daher in wachsendem Maße zu einer Managementaufgabe. Ohne diesen Gedanken weiter auszuführen, ist festzuhalten, daß eine solche Entwicklung nicht nur ein neues Selbstverständnis bei den Planern und deren Auftraggebern voraussetzt, sondern auch in den Rahmenbedingungen verankert werden muß, unter denen Planung stattfindet (z.B. durch entsprechende Anpassung der HOAI).

Es war den Gutachtern von vornherein klar, daß diese sehr weit gespannte Perspektive eines "reformierten" Planungsprozesses im Rahmen des Vorhabens nur in ersten Ansätzen umgesetzt werden kann. Dennoch sollte der gewählte Ansatz zu Ergebnissen führen, die in die oben skizzierte Richtung weisen. Die Erstellung "des" Landschafts- und "des" Fremdenverkehrsplanes auf einem möglichst hohen qualitativen Niveau war nicht das alleinige Endziel. Es sollten auch Wege aufgezeigt werden, wie die vorgeschlagenen Maßnahmen verstärkt gesellschaftliche Akzeptanz erfahren und umgesetzt werden können.

Vor diesem Hintergrund konzentrierten sich die Untersuchungen und Planungen in den nachstehend beschriebenen Modellgemeinden auf die Fragestellungen

- wie ist der kooperative Arbeitsansatz zwischen Landschafts- und Fremdenverkehrsplanung zu strukturieren, um ihn möglichst effektiv zu gestalten (der Begriff "effektiv" gilt dabei sowohl im Hinblick auf den personellen und finanziellen Aufwand als auch in Richtung auf die Planumsetzung)?

- inwieweit ist der - in der Vorstudie ebenfalls thematisierte Ansatz - eines stärker "demokratisierten" Planungsprozesses hilfreich, um in den politischen Gremien der Gemeinde Akzeptanz für die Ziel- und Maßnahmenplanung zu schaffen?

Die Einbeziehung von "Planungsbetroffenen" in den Planungsprozeß ist nicht neu und in vielen Bereichen bereits in unterschiedlichen Formen und mit unterschiedlichen Ergebnissen erprobt worden. Speziell für die Bereiche der Landschafts- wie der Fremdenverkehrsplanung liegen dahingegen bisher nur wenige entsprechende Erfahrungen vor (ROMEISS-STRACKE ,1989; HAIMAYER, 1991).

In diesem Vorhaben sollte eine Beteiligung erfolgen, die folgenden Bedingungen gerecht wird:
- beteiligt werden Gruppierungen, Interessenvertreter und Institutionen, die von den Ergebnissen der Landschafts- und Fremdenverkehrsplanung tangiert werden bzw. ihre Umsetzung fördern können.
- Beteiligung sollte stattfinden in allen Phasen des Planungsprozesses.
- die Beteiligung muß in einer strukturierten Form vollzogen werden. Die Aufgabe der Gutachter sollte darin bestehen, den Beteiligungsprozeß durch Eingabe von Informationen und Materialien zwar inhaltlich voranzubringen, aber dabei nicht die Rolle des Moderators zu verlassen.

Von dieser Ausgestaltung der Beteiligung werden folgende Ergebnisse erwartet:
- Verbesserung des Sachbezugs und des innovativen Potentials der Planung durch das Wissen der "Experten vor Ort".
- Verstärkte Orientierung der Planung an den "wirklichen" Problemen und Engpässen der Entwicklung (dadurch kann vermieden werden, daß von den Gutachtern in großer Bandbreite alles analysiert, bewertet und beplant wird, auf die brennenden Fragestellungen aber u.U. irrelevante oder allgemeine Antworten gegeben werden),
- dadurch, daß frühzeitige und kontinuierliche Beteiligung am Planungsprozeß, bei der Konfliktaustragung und Konsensfindung permanent möglich sind, erhöht sich bei den Beteiligten die Identifikation mit den Ergebnissen der Planung (in einer Art "Vor-Parlamentarischem Raum" werden gemeinsam Lösungen gefunden, die durch die Beteiligten auch im politisch/administrativen Entscheidungsprozeß mitgetragen und vertreten werden).

Die Beteiligung sollte im Rahmen einer Zusammenarbeit mit projektbegleitenden Arbeitsgruppen erfolgen.

3   Die Untersuchungsgemeinden

Die Kriterien, die zur Auswahl der Modellgemeinden herangezogen wurden, sind in der Vorstudie ausführlich dargelegt worden (SCHARPF & WIRZ, 1988). Über die ausgewählten Modellgemeinden sollte ein möglichst breites Spektrum kommunaler Problemsituation abgebildet werden, unterschiedliche Bundesländer und verschiedenartige naturräumliche Gegebenheiten sollten repräsentiert sein.

Eine Vorauswahl wurde von den Bundesländern Baden-Württemberg, Niedersachsen und Schleswig-Holstein getroffen. Einvernehmlich mit den für Naturschutz und Landschaftspflege zuständigen Behörden wurden folgende Gemeinden in das E+E-Vorhaben einbezogen:
- Bad Zwischenahn (Niedersachsen),
- Baiersbronn (Baden-Württemberg) und
- Süsel (Schleswig-Holstein).

Die Gemeinden und ihre jeweils spezifischen Problemstellungen werden im folgenden kurz charakterisiert.

3.1   Gemeinde Bad Zwischenahn

Das etwa 10 km westlich von Oldenburg am Südufer des Zwischenahner Meeres gelegene Bad Zwischenahn ist Hauptort und Verwaltungssitz der Gemeinde Bad Zwischenahn, die insgesamt 18 Ortsteile umfaßt. Sie ist bei einer Flächengröße von 129,73 km² eine der einwohnerstärksten (23.338) Landgemeinden Niedersachsens. Sie gehört zum Landkreis Ammerland, der großräumig der zwischen Weser und Ems gelegenen Landschaft des nordwestniedersächsischen Küstengebietes zuzuordnen ist.

Das Zwischenahner Meer, mit rd. 600 ha drittgrößter Binnensee Niedersachsens, ist zugleich touristische Attraktion und - aus landschaftsplanerischer Sicht - einer der zentralen Problem- und Konfliktschwerpunkte in der Gemeinde. Das landeseigene Zwischenahner Meer ist erheblich mit Nährstoffen angereichert (polytroph), d.h. vor allem in den Sommermonaten treten erhebliche Beeinträchtigungen für die Erholungssuchenden, vor allem Geruchsbelästigungen (Algenblüte) auf. Die Pflanzen- und Tierwelt des Sees hat sich infolge der schlechten Wasserqualität bereits nachhaltig verändert (AHLSWEDE u.a., 1991).

Aus Sicht der Landschaftsplanung zeichnen sich für das Gemeindegebiet folgende Problemschwerpunkte ab:
- Die Auswirkungen der intensiven landwirtschaftlichen Nutzung bzw. der Baumschulbetriebe und die damit einhergehenden Einträge im gesamten Einzugsgebiet des Meeres bedingen die schlechte Wasserqualität des Meeres und seiner Zu- und Abflüsse.

- In die von der Landwirtschaft aufgegebenen Flächen drängen zunehmend die flächenbeanspruchenden Baumschulbetriebe. Aus dieser Entwicklung resultiert eine stetige Veränderung des Landschaftsbildes: Grünlandbereiche werden zunächst zu Ackerflächen und zuletzt von den Baumschulbetrieben übernommen. Vielfältige Lebensräume für Pflanzen- und Tierarten gehen dadurch ersatzlos verloren. Die Landschaft in ihrer Bedeutung für das Naturerleben des Menschen verliert an Qualität.

Bad Zwischenahn gehört mit rd. 520.000 Übernachtungen pro Jahr zu den großen niedersächsischen Fremdenverkehrsgemeinden. Die Bedeutung des Fremdenverkehrs im Verhältnis zur Einwohnerzahl gesehen liegt zu mit einer Fremdenverkehrsintensität von rd. 2.100[3] im Mittelfeld. Der Tourismus hat in Zwischenahn ökonomisch eine bedeutende Ergänzungsfunktion[4].

Bad Zwischenahn ist heilklimatischer Kurort mit Kurklinik, einer weiteren größeren Privatklinik und einer entsprechenden Infrastruktur. Neben dem Kurbetrieb spielt der (Kurz-) Urlaub, zu einem gewissen Grade der Tagungs- und Seminarbereich, vor allem aber Naherholung und Tagesausflugsbetrieb eine bedeutende Rolle. Der Tourismus konzentriert sich auf Teile des Ortszentrums (Meerufer, Kurpark, Hauptstraße) und auf einige wenige Bereiche der freien Landschaft. Hier liegt der touristische Konfliktstoff der Gemeinde in der Frage, wieweit die hohe Besucherdichte mit der Entwicklung des Kurortes vereinbar erscheint. Das touristische Angebot Bad Zwischenahns liegt in den Händen von Gemeinde- und Kurverwaltung sowie von ortsansässigen, mittelständischen Gastgewerbebetrieben. Bezogen auf die Gäste- und Übernachtungszahlen ist Bad Zwischenahn touristisch bemerkenswert erfolgreich und kann - gegen den Bundes-Trend - auf ein nachhaltiges Wachstum der Gäste- und Übernachtungszahlen zurückblicken.

Das touristische Angebot Bad Zwischenahns - insbesondere Gastgewerbe, Kur- und Freizeiteinrichtungen - steht insgesamt auf einem hohen Niveau, unbefriedigend ist demgegenüber die innerörtliche Situation (Ortsbild, Aufenthaltsqualität, Verkehrsbelastung). Die Erholungsqualität der Landschaft muß mittelfristig als gefährdet angesehen werden. Strukturreiche und landwirtschaftlich extensiv genutzte Flächen sind in ihrem Bestand gefährdet (u.a. durch Ausdehnung von Baumschulflächen). Der touristische Erfolg, der in Bad Zwischenahn durch die natürliche Erholungsqualität mitbestimmt wird, bedarf einer Steuerung und Absicherung.

---

[3]   Die Fremdenverkehrsintensität setzt Übernachtungszahlen nach der Rechenvorschrift Übernachtung ./. Einwohner x 100 in ein Verhältnis.

[4]   Eine Abschätzung der wirtschaftlichen Bedeutung des Fremdenverkehrs ergab einen Anteil des touristisch bedingten Einkommens am Gesamteinkommen der Einwohner der Gemeinde von rd. 9 %. Rund 1.400 Vollerwerbs-Arbeitsplätze sind durch diese Einkommen in Bad Zwischenahn potentiell finanzierbar.

3.2   Gemeinde Baiersbronn

Baiersbronn liegt im oberen Murgtal im Südwesten der Region Nordschwarzwald. Die Gemeinde besteht aus sechs Teilorten sowie vier Ortschaften und ist mit einer Gesamtfläche von 189,69 km² bedeutend größer als Bad Zwischenahn und Süsel. Baiersbronn zählt 15.745 Einwohner. Sitz der örtlichen Verwaltung ist der Hauptort Baiersbronn, die übergeordneten Verwaltungszuständigkeiten finden sich in Freudenstadt (Landratsamt) und Pforzheim (Regionalverband Nordschwarzwald).

Baiersbronn ist durch Forsten geprägt, 84 % des Gemeindegebietes sind bewaldet. Das Relief ist bewegt, Wiesentäler um 400 m über NN wechseln mit Bergrücken von um 1.000 m über NN ab. Karseeen, Hochmoorflächen und Schluchtwälder bilden bedeutende Lebensräume für Pflanzen und Tiere.

Die landschaftsplanerischen Problemschwerpunkte sind nachstehend aufgeführt:
- Erholungsnutzung/Erholungsschwerpunkte in für Pflanzen- und Tierarten bedeutenden Flächen, z.B. in Naturschutzgebieten,
- Verlust typischer Einzelelemente,
- Aufforstung der Wiesentäler, z.T. mit monotonen Fichtenbeständen,
- fehlende oder ungenügend ausgebildete Waldränder,
- Flächenansprüche durch Siedlungsentwicklung, Gewerbe- und Industrieansiedlung in Bereichen mit Bedeutung für Pflanzen- und Tierarten sowie für das Naturerleben des Menschen (MIESS & MIESS, 1982).

Baiersbronn ist mit rd. 1,2 Mill. Übernachtungen und einer Fremdenverkehrsintensität von rd. 8.000 ein bedeutender Tourismusort, dessen Wirtschaft stark auf den Fremdenverkehr hin ausgerichtet ist. Die Gemeinde hat allerdings in den letzten Jahren erhebliche Einbußen hinnehmen müssen[5]. 1978 zählte die Gemeinde noch rd. 1,7 Mill. Übernachtungen.

Das touristische Angebot liegt in den Händen von Gemeinde und Kurverwaltungen (getrennt in den einzelnen Teilorten) sowie beim mittelständischen Gastgewerbe. Einige Häuser mit einer überregional bekannten Spitzengastronomie setzen in Baiersbronn einen besonderen Akzent.

Das vordringliche touristische Thema in Baiersbronn ist - angesichts der gravierenden Einbußen bei den Übernachtungszahlen - die Frage nach den Chancen zur Profilierung und Neuorientierung. Im Vordergrund stehen die Fragen bezüglich der anzusprechenden Gästegruppen, der Entwicklung eines eigenständigen Profils sowie nach den Schwerpunkten des Marketings.

---

[5]   Die Einbrüche vollzogen sich im Rahmen des Trends für den gesamten Schwarzwald.

3.3   Gemeinde Süsel

Die Gemeinde Süsel liegt im Naturraum des Ostholsteinischen Hügel- und Seenlandes. Das Gemeindegebiet endet rd. 5 km vor der Ostseeküste von Sierksdorf. Die Landschaft ist hügelig und durch die überwiegend landwirtschaftliche Nutzung geprägt. Süsel gehört zum Kreis Ostholstein und ist mit einer Fläche von 75,31 km² die zweitgrößte Gemeinde des Kreises. Die rd. 4.400 Einwohner in den 15 Ortschaften der Gemeinde orientieren sich zum Hauptort Süsel, den nahegelegenen Städten Eutin und Neustadt und zum 30 km entfernten Lübeck. Der überwiegende Teil der Gemeindefläche liegt im Naturpark Holsteinische Schweiz.

Folgende Konfliktpunkte zeichnen sich aus Sicht der Landschaftsplanung ab:

- Das Gemeindegebiet ist einer der Schwerpunktbereiche im Kreis Ostholstein für den Abbau oberflächennaher Rohstoffe, z.T. für den Arten- und Biotopschutz bedeutende Flächen betroffen.
- Erhaltung der Knicklandschaften trotz steigender Flächenansprüche und veränderter landwirtschaftlicher Nutzung.

Der Tourismus spielt in Süsel bisher eine untergeordnete Rolle. In rd. 540 Gästebetten werden jährlich rd. 45.000 Übernachtungen - überwiegend in Ferienwohnungen und Privatquartieren - realisiert (Fremdenverkehrsintensität: rd. 1.000). Das Angebot und insbesondere die touristische Infrastruktur sind in ihrem Standard einfach und im Angebot lückenhaft. Die Gemeinde beherbergt zwei touristische Besonderheiten: eine Reitanlage (Geländereitsport/Vielseitigkeitsprüfung, Lehrgänge, größere Reit- und Fahrveranstaltungen) sowie eine festinstallierte Wasserskianlage; beide werden von örtlichen Betreibern unterhalten.

Anders als in Bad Zwischenahn und Baiersbronn stellt sich in Süsel die Frage nach dem touristischen Beginn. Die Gemeinde hat ökonomische und strukturelle Probleme (unter anderem Arbeitsplatzmangel, Defizite in der Versorgung der Einwohner mit Gütern des täglichen Bedarfs) und möchte den Tourismus als Möglichkeit zur Verbesserung von Wirtschaftskraft und Infrastruktur entwickeln.

3.4   Zusammenfassung der Aufgabenstellung in den drei Modellgemeinden

Die landschaftsplanerischen Problemstellungen in den drei Modellgemeinden unterscheiden sich - trotz verschiedenartiger Schwerpunkte - nicht grundsätzlich von denen anderer Gemeinden gleicher Größe. Es gilt, jeweils die Raumansprüche der aktuellen und zukünftigen Nutzer zu überprüfen, den Gemeinden die Bedeutung von Natur und Landschaft im Hinblick auf den Artenschutz, das Naturerleben sowohl der Bewohner als auch der Gäste sowie die Regenerations- und Regulationsfunktionen der abiotischen Faktoren zu vermitteln. Naturschutz und

Landschaftspflege muß als "Nutzungsanspruch" auf 100 % der Fläche anerkannt und darf nicht auf "Restflächen" verdrängt werden.

Die in den drei Modellgemeinden berührten Problemstellungen bilden die als z.Z. wesentlich angesehenen tourismus-planerischen Aufgabenstellungen ab:

- **Thematik der "touristischen Beginnergemeinde" (Modellgemeinde Süsel)**

- **Frage der Initiierung einer umweltschonenden und ökonomisch erfolgversprechenden touristischen Entwicklung**

  Dieser Gemeindetyp ist strukturpolitisch von hohem Interesse. Zur Zeit sehen viele strukturschwache Gemeinden - besonders in den neuen Bundesländern - ihre Chance in einer touristischen Entwicklung. Der Aufbau des Fremdenverkehrs ist mit strukturellen und organisatorischen Defiziten, häufig auch mit einer fehlenden touristischen Initiative konfrontiert. Zu prüfen ist, wie unter diesen Rahmenbedingungen nicht nur eine Entwicklung ausgelöst werden kann, sondern auch die Möglichkeiten der landespflegerischen Einflußmöglichkeiten.

  Zu bedenken ist die Strategie mancher "Beginnergemeinden", mit "sanften Entwicklungen" (kleine Schritte, wenig Infrastruktur) zu beginnen, diesen Weg bei einsetzendem Erfolg jedoch zu verlassen.

- **Thematik der "reifen, d.h. erfolgreichen, Tourismusgemeinde" (Modellgemeinden Bad Zwischenahn und Baiersbronn)**

  Früher oder später stehen "reife" Tourismusgemeinden vor der Frage ihrer Wachstumsgrenzen. Die dann erforderliche Neuorientierung stößt in den "eingesessenen" Strukturen auf Widerstand. Hilfreich im Sinne einer Überzeugungshilfe ist es, wenn sich für eine Gemeinde am Markt bereits Probleme zeigen. Die Einsicht "das etwas getan werden muß" öffnet möglicherweise auch dem Gedenken der umweltschonenden Entwicklung die Türen. Diese Situation ist in Baiersbronn gegeben. Anders in Bad Zwischenahn. Hier drücken sich die deutlich erkennbaren strukturelle Probleme noch nicht in einem Bruch in touristischen Erfolg aus.

Über die genannten übergeordneten planerischen Rahmenbedingungen hinaus beinhalten die drei Modellgemeinden ein sehr breites Spektrum touristischer Fragestellungen. Ausgenommen bleibt allein die Thematik des Städtetourismus.

In der folgenden Übersicht werden die in den drei Modellgemeinden angesprochenen Fragestellungen zusammengefaßt:

- unterschiedliche räumliche Lage

  - Küstennähe (Süsel)

  - Binnenland/Binnensee (Bad Zwischenahn)

  - Mittelgebirge (Baiersbronn)

- unterschiedliche natur- und kulturräumliche Problemstellungen

  - Intensivierung (Bad Zwischenahn) und Aufgabe (Baiersbronn) der landwirtschaftlichen Nutzung

  - Verschlechterung der Wasserqualität großer stehender Gewässer (Bad Zwischenahn)

  - Folgenutzung von Bodenabbauflächen (Süsel)

  - Rückgang gliedernder und belebender Landschaftselemente

  - Erholungsnutzung in für den Biotopschutz wertvollen Gebieten

  - Flächenansprüche durch Siedlungsentwicklung

- touristische Nachfrage

  - Kur (Heilbad Bad Zwischenahn, Kurort Baiersbronn)

  - Ausflugsgäste/Naherholung (in allen drei Gemeinden, mit hoher Bedeutung in Bad Zwischenahn)

  - Urlaubsgäste (in allen drei Gemeinden, mit hoher Bedeutung in Baiersbronn und (relativ) in Süsel)

  - Tagungs-/Seminartourismus (Bad Zwischenahn)

- touristisches Angebot

  - Landschaftsbezogenes Angebot/"ruhige Erholung" (alle drei Modellgemeinden)

  - Infrastrukturelles Angebot (bedeutsam in Bad Zwischenahn, große Defizite in Süsel)

  - Wintersport (Baiersbronn)

- tourismuswirksame Belastungen

  - Straßenverkehr (vorrangige Probleme in Bad Zwischenahn und Baiersbronn)

  - hohe Besucherdichte (auf Teilflächen vorrangiges Problem in Bad Zwischenahn)

  - Flächennutzung (in Baiersbronn: weite Flächen mit forstlichen Monokulturen, Problem der Offenhaltung der Wiesen; in Bad Zwischenahn: Ausweitung der Baumschulen in touristisch wertvollen Bereichen)

  - Stoffeinträge (vorrangiges Problem im eutrophierten Zwischenahner Meer)

  - (touristische) Überlastung attraktiver und gleichzeitig empfindlicher Landschaftsteile (Bad Zwischenahn: Seen, Moore; Baiersbronn: Karseen, Moore; Süsel: Seen)

4   Inhalte und Methodik der Landschaftsplanung

4.1   Inhalte und Vorgehensweise

Die nur rahmenrechtlichen Vorgaben des BNatSchG haben dazu geführt, daß in den Bundesländern z.T. erheblich voneinander abweichende landesrechtliche Regelungen zur Landschaftsplanung eingeführt wurden (vgl. Tab. 1 auf S. 23). Um bei dieser Vielfalt unterschiedlicher Regelungen bei den folgenden Ausführungen dennoch eine gewisse Übersichtlichkeit zu bewahren, sollen zunächst einmal diejenigen Faktoren ausgeblendet werden, die im Zusammenhang mit dem durchgeführten E+E-Vorhaben von vornherein nicht von Belang sind.

Außerhalb der weiteren Betrachtung können zunächst die Sonderfälle der Stadtstaaten Berlin, Bremen und Hamburg bleiben, da die speziellen Probleme des Großstadttourismus nicht Gegenstand des E+E-Vorhabens waren. Desweiteren können die Ebenen der Regional- bzw. der Landschaftsrahmenplanung und darüber (Bundes- und Landesplanung) ausgeklammert werden, da diese bei der Lenkung zukünftiger Aktivitäten von Freizeit und Tourismus "nur einen allgemeinen Rahmen setzen" (SRU 1987, S. 586), während die Mehrzahl der Maßnahmen in die kommunale Zuständigkeit fällt.

Bleibt die Frage nach den Vor- und Nachteilen der Lenkung durch die "allgemeine" Landschaftsplanung (nach §§ 5 ff BNatSchG) oder durch die ebenfalls denkbare spezielle Form einer "landschaftspflegerischen Beleitplanung" (nach § 8 BNatSchG) zur Fremdenverkehrsplanung. Überlegungen hierzu orientieren sich wegen deren mittlerweile weitgehend eingespielter Verfahrensweisen auf fast allen Planungsebenen (vgl. HNL-StB 87) vor allem am Beispiel der landschaftspflegerischen Begleitplanung zum Straßenbau.

Einer Übertragung dieses Modells auf einen möglichen Beitrag zur Fremdenverkehrsplanung sind jedoch enge Grenzen gesetzt: Anders als dem Straßenbau fehlt es dem Fremdenverkehr - wie noch näher aufzuzeigen sein wird - sowohl an einer zuständigen Fachverwaltung als auch an gesetzlichen Grundlagen und Instrumenten zur Durchsetzung seiner Ziele. Entsprechend wenig erfolgversprechend scheint daher der Versuch der alleinigen Problemlösung durch Einrichtung einer "landschaftspflegerischen Begleitplanung zur Fremdenverkehrsplanung".

Auch der Rat von Sachverständigen für Umweltfragen sieht in diesem Sinne in seinem Umweltgutachten 1987 die örtliche Landschaftsplanung als eines der wichtigsten Instrumente zur "Ökologisierung" des Fremdenverkehrs: "Zur Reduzierung von Belastungen durch den Fremdenverkehr ist die stärkere Berücksichtigung und Verbesserung der Stellung der Landschaftsplanung von großer Wichtigkeit" (SRU 1987, S. 158).

"Durch Bündelung vieler Maßnahmen auf lokaler Ebene, wobei das Instrument der Landschaftsplanung eine geeignete Grundlage darstellt, kann der Schlüsselrolle der kommunalen Ebene in diesem Bereich Rechnung getragen werden. Denn auf der örtlichen Ebene fällt die Entscheidung darüber, ob Freizeit, Erholung und Tourismus dauerhaft mit der Erhaltung und Entwicklung von Natur und Landschaft vereinbar sein werden" (SRU 1987, S. 586).

Die folgende Zusammenstellung von Zielen, Inhalten und Zuständigkeiten beschränkt sich aus den o.g. Gründen auf die örtliche Landschaftsplanung (nach § 6 BNatSchG) in den Flächenstaaten.

Die Landschaftsplanung als Instrument des Naturschutzes und der Landschaftspflege ist den in den §§ 1 und 2 des Bundesnaturschutzgesetzes genannten Zielen und Grundsätzen verpflichtet. Zu ihren Aufgaben zählen dabei insbesondere

- "die Erfassung und Darstellung von Natur und Landschaft im Zusammenwirken ihrer Erscheinungen und Nutzungen,

- die Bewertung und das Aufzeigen der Grenzen der Funktionsfähigkeit und Belastbarkeit sowie

- die Ableitung von Schutz-, Pflege- und Entwicklungsmaßnahmen aus der Sicht von Naturschutz und Landschaftspflege.

Eingeschlossen ist die Bewertung von Naturhaushalt, Naturgütern, Lebensstätten und Lebensgemeinschaften sowie des Landschaftsbildes bezüglich ihrer Eigenarten. Darüber hinaus werden die vom Menschen gestellten Nutzungsansprüche auf Umweltverträglichkeit und Vereinbarkeit mit den Zielen von Naturschutz und Landschaftspflege beurteilt" (SRU 1987, S. 132).

Unter Beachtung der Ziele und Grundsätze der Raumordnung und Landesplanung kann sie für die sachlichen Bereiche

- Landschaftsplanung als ökologischer Beitrag zur Gesamtplanung,

- Landschaftsplanung als Beitrag zu anderen Fachplanungen,

- Landschaftsplanung als sektorale Fachplanung Naturschutz und

- Landschaftsplanung als sektorale Fachplanung Erholung

ihre Ausagen in den folgenden Planwerken zum Ausdruck bringen:

- Landschaftsprogramme auf Landesebene

- Landschaftsrahmenpläne auf regionaler Ebene

- Landschafts- und Grünordnungspläne auf kommunaler Ebene

- landschaftspflegerische Begleitpläne auf den verschiedenen Ebenen der Vorhabensplanungen von Fachbehörden.

Tab. 1: Landschaftsplanung in den Bundesländern (aus SRU 1987; umrandet: Regelungen zur örtlichen Land-schaftsplanung in den Bundesländern Baden-Württemberg, Niedersachsen und Schleswig-Holstein)

Bundesland	B-W	Bayern	Berlin	Bremen	Hamburg	Hessen	Nieders.	NW	Rh.-Pf.	Saarland	Schl.-H.
Beschlußjahr des LNatG	1975	1973	1979	1979	1981	1973	1981	1975	1973	1979	1973
Änderung/Neufassung	1983	1986	1983	n	1985	1980	1983	1985	1983	n	1983
Kürzel ohne Landeskürzel	NatSchG	NatSchG	NatSchG	NatSchG	NatSchG	NatG	—	LG	LPflG	NG	LPfleG
Planungsstufen	3	3	2	2	2	2	3	2	3	3	2
Landschaftsprogramm	j	j	j	j	j	(n)	j	(n)	j	j	(n)
Benennung	LsRPro	LsPro	LsPro	LsPro	LsPro	[LROPro]	LsRPro	[LEPro]	LpfPro	LsPro	[LROP]
Aufstellungsbehörde	ONatB	ONatB	ONatB	ONatB	HNatB	e	ONatB	e	OLpfB	ONatB	e
Eigenständiges Programm	j	n	j	j	j	e	j	e	j	j	e
Eigene Rechtswirkung	n	n	j	bv	bv	n	n	e	n	bv	n
Integration in Landesplanung	tm	um	(tm)	(tm)	n	um	tm	um	vm	tm	j
Rechtswirkung über Landespl.	Tbv	bv	(Tbv)	(Tbv)	—	j	Tbv	j	bv	Tbv	j
Landschaftsrahmenplan	j	j	e	e	e	j	j	(n), GEP	j	j	j
Aufstellungsbehörde	Rv	RPG	e	e	e	RPV	NatB	—	oLpfB/RPG	OLspB	ONatB
Genehmigungsbehörde	HNatB	ONatB	e	e	e	—	—	—	—	—	—
Aufst. landesweit zwingend	n	—	e	e	e	—	—	—	—	—	—
Aufst. landesweit zwingend	n	—	e	e	e	—	—	—	—	—	—
Flächendeckend f. Planungsber.	n	j	e	e	e	—	j	—	j	—	—
Eigenständige Planung	j	n	e	e	e	n	j	n	j	j	j
Eigene Rechtswirkung	n	n	e	e	e	n	n	n	n	bv	n
Integration in Landesplanung	tm	um	e	e	e	um	n	um	vm	tm	tm
Rechtswirkung über Landespl.	Tbv	bv	e	e	e	bv	n	j	Tbv	bv	Tbv
Inhaltliche Regelung	j	—	e	e	e	—	j	—	—	—	n
Landschaftsplan	j	j	j	j	j	j	j	j	(j)	j	j
Aufstellungsbehörde	G	G	UNatB	UNatB	UNatB	G/LfU	G	ULsB	G	G/ULspB	G
Genehmigungsbehörde	HNatB	HNatB	ONatB	G	HNatB	oNatB	—	HLsB	oLpfB	OLspB	ONatB
Ausführung	PBü	LsPBü	—	—	—	—	—	KV/LsPBü	PBü	—	—
Aufstellung zwingend	(n)	(n)	n	n	n	(j)	n	—	n	n	n
Aufstellungsfestlegungen	j	j	j	j	j	j	—	—	j	j	n
Flächendeckend	n	n	TB	TB	TB	—	—	AB	—	—	n
Eigenständige Planung	—	j	j	j	j	—	j	—	—	j	—
Eigene Rechtswirkung	n	(j)	rv	(rv)	rv	n	n	rv	n	bv	n
Integration in Bauleitplanung	tm	um	S	S	S	vm	n	S	um	tm	tm
Rechtswirkung über Bauleitpl.	Tbv	bv	rv	rv	—	rv	Trv	—	bv	rv	bv
Genereller Inhalt	M/B	E/M	E/M/B	E/M/B	E/M/B	E/M/B	—	B	E/M/B	E/M/B	E/M/B
Generelle Darstellung	T/K	—	T/K	T/K	T/K	T/K	—	T/K	T/K	T/K	T/K
Grünordnungsplan	j	j	j	n	(j)	n	j	(n)	(j)	(n)	(n)
Aufstellungsbehörde	G	G	UNatB	e	—	e	G	—	G	—	—
Aufstellung zwingend	(n)	(n)	—	e	—	e	n	—	—	—	—
Flächendeckend	TB	TB	SB	e	SB	e	—	SB	—	—	—
Eigenständige Planung	j	j	—	e	—	e	—	—	—	—	—
Eigene Rechtswirkung	n	(rv)	rv	e	—	e	n	—	—	—	—
Integration in Bauleitplanung	j	j	—	e	—	e	—	—	um	—	—
Rechtswirkung über Bauleitpl.	Trv	rv	rv	e	—	e	Trv	—	rv	—	—
Inhaltliche Regelung	n	j	—	e	—	e	—	—	—	—	—
Landespfleg. Begleitplan	j	j	j	j	j	j	j	j	j	j	j
Aufstellungsbehörde	FB	FB	FB	FB	FB	FB	FB	FB	FB	FB	FB
Gutachten v. NatB erforderlich	n	n	n	j	n	n	j	n	n	j	n

Erläuterungen:

2	zweistufig	LfU	Landesanstalt für Umwelt	RPV	Regionaler Planungsverband
3	dreistufig	LNatG	Landesnaturschutzgesetz	RV	Regionalverband
AB	Außenbereich	LpfPro	Landespflegeprogramm	rv	rechtsverbindlich
B	Begründung	LROPro	Landesraumordnungsprogramm	S	Sonderregelung
bv	behördenverbindlich	LROP	Landesraumordnungsplan	SB	Siedlungsbereich
D	Darstellung	LsPBü	Landschaftsplanungsbüro	T	Text
e	entfällt	LsPro	Landschaftsprogramm	TB	Teilbereich
E	Erfordernisse	LsRPro	Landschaftsrahmenprogramm	Tbv	Teile behördenverbindlich
FB	Fachbehörde	M	Maßnahmen	tm	teilweise mittelbar
G	Gemeinde	n	nein	Trv	Teile rechtsverbindlich
GEP	Gebietsentwicklungsplan	NatB	Naturschutzbehörde	um	unmittelbar
HLsB	Höhere Landschaftsbehörde	OLpfB	Oberste Landespflegebehörde	ULspB	Untere Landschaftspflegebehörde
HNatB	Höhere Naturschutzbehörde	oLpfB	obere Landespflegebehörde	ULsB	Untere Landschaftsbehörde
j	ja	OLspB	Oberste Landschaftspflegebehörde	UNatB	Untere Naturschutzbehörde
K	Karte	ONatB	Oberste Naturschutzbehörde	vm	vollständig mittelbar
KV	Kommunalverbände	oNatB	obere Naturschutzbehörde	—	ohne Angabe
LEPro	Landesentwicklungsprogramm	PBü	Planungsbüro	()	eingeschränkt
		RPG	Regionale Planungsgemeinschaft	[]	Kein Landschaftsprogramm

Angaben zu Rheinland-Pfalz wegen Gesetzesnovellierung v. 27.3.1987 nicht mehr aktuell

Ein "Bundeslandschaftsprogramm", wie es beispielsweise der Bund Deutscher Landschafts-Architekten (BDLA 1992) zur Vervollständigung der Planungsebenen fordert, ist bislang nicht gesetzlich fixiert.

Nach § 6 <u>BNatSchG</u> stellen Landschaftspläne "die örtlichen Erfordernisse und Maßnahmen zur Verwirklichung der Ziele des Naturschutzes und der Landschaftspflege ... mit Text, Karte und zusätzlicher Begründung näher dar..., sobald und soweit dies aus Gründen des Naturschutzes und der Landschaftspflege erforderlich ist." Sie enthalten, "soweit es erforderlich ist, Darstellungen

1. des vorhandenen Zustandes von Natur und Landschaft und seine Bewertung nach den in § 1 Abs.1 festgelegten Zielen,

2. des angestrebten Zustandes von Natur und Landschaft und der erforderlichen Maßnahmen, insbesondere

 a) der allgemeinen Schutz-, Pflege und Entwicklungsmaßnahmen im Sinne des Dritten Abschnittes (Anm. d. Verf.: "Eingriffsregelung"),

 b) der Maßnahmen zum Schutz, zur Pflege und zur Entwicklung bestimmter Teile von Natur und Landschaft im Sinne des Vierten Abschnittes (Anm. d. Verf.: Schutzgebiete und -objekte) und

 c) der Maßnahmen zum Schutz und zur Pflege wildwachsender Pflanzen und wildlebender Tiere im Sinne des Fünften Abschnittes (Anm. d. Verf.: Artenschutz)" (§ 6 Abs.2 BNatSchG).

Bei ihrer Aufstellung "sind die Ziele der Raumordnung und der Landesplanung zu beachten. Auf die Verwertbarkeit des Landschaftsplanes für die Bauleitplanung ist Rücksicht zu nehmen" (§ 6 Abs.3 BNatSchG). Eine "Grünordnungsplanung" wird im BNatSchG nicht eigens erwähnt.

Bezüglich der Inhalte, mit denen die Pläne ausgefüllt werden sollen, beschränken sich die meisten <u>Ländergesetze</u> auf die bereits im Bundesnaturschutzgesetz getroffene Aussage, wonach "die örtlichen Erfordernisse und Maßnahmen zur Verwirklichung der Ziele des Naturschutzes und der Landschaftspflege" darzustellen sind.

In <u>Baden-Württemberg</u> sind die Gemeinden zur Aufstellung von Landschaftsplänen und von Grünordnungsplänen verpflichtet, "sobald und soweit es zur Aufstellung, Ergänzung, Änderung oder Aufhebung von Bauleitplänen erforderlich ist, um Maßnahmen zur Verwirklichung von Zielsetzungen nach § 7 Abs.2 (Anm. d. Verf.: des Landschaftsrahmenprogrammes oder des Landschaftsrahmenplanes) näher darzustellen. Dies gilt insbesondere, wenn Gebiete ihres Planungsbereiches

 - nachhaltigen Landschaftsveränderungen ausgesetzt sind,

 - als Erholungsgebiete vorgesehen sind oder deren Erhaltung als Erholungslandschaft besondere Entwicklungs- oder Pflegemaßnahmen erfordern,

 - erhebliche Landschaftsschäden aufweisen oder solche zu befürchten sind,

 - an oberirdische Gewässer angrenzen (Ufergebiete mit Erholungsschutzstreifen nach § 44),

 - aus Gründen der Wasserversorgung unbeschadet wasserrechtlicher Vorschriften zu schützen oder zu pflegen sind,

- als Grünbestände, als notwendige Freiflächen oder als Mindestflur zur Sicherung der Leistungsfähigkeit eines ausgewogenen Naturhaushalt oder der Erholung festzulegen und zu schützen sind oder

- vor einer weiteren Inanspruchnahme der freien Landschaft für andere Nutzungen landschaftsökologische Untersuchungen erfordern" (§ 9 (1) NatSchG BW).

Die zusätzlich ergangene RICHTLINIE des MELU BW (1979) über die Ausarbeitung von Landschaftsplänen und Grünordnungsplänen weist auf die Notwendigkeit der Berücksichtigung übergeordneter Planungen wie der Landschaftsrahmenplanung sowie der Planungen benachbarter Gemeinden hin. Die Inhalte der Landschaftsplanung regelt sie darüber hinaus wie folgt:

"Die Landschaftsplanung ist auf der Grundlage einer Bestandsaufnahme der natürlichen Gegebenheiten einschließlich ihrer Nutzungen zu erstellen. Unter anderem sind die Naturgüter (Boden, Wasser, Luft, Klima, Tier- und Pflanzenwelt), deren Wirkungsgefüge und deren nutzungsbedingte Belastung zu erfassen. Darüber hinaus sind in der Landschaftsbewertung die Auswirkungen der vorgesehenen Nutzungen auf den Naturhaushalt und das Landschaftsbild aufzuzeigen."

Dabei sind sowohl die ökologischen Funktionen als auch die sozialen wie z.B. die Erholungsfunktion sowie die ökonomischen (land- und forstwirtschaftliche Produktion, Rohstoffgewinnung) darzustellen.

Im Entwicklungsteil des Landschaftsplanes sollen die Ziele und Maßnahmen in Form von Vorschlägen für die Abgrenzung von Flächen mit bestimmten Funktionen dargestellt werden:

"Für das Planungsgebiet ist ein ökologisch-gestalterisches Konzept zu entwickeln, welches die nachhaltige Leistungsfähigkeit des Naturhaushaltes und die nachhaltige Nutzungsfähigkeit der Naturgüter gewährleistet. Hierbei sind Zielkonflikte infolge konkurrierender Nutzungsansprüche sowie Vorschläge zu deren Lösung aufzuzeigen. Räumliche und inhaltliche Nutzungsrangfolgen und -einschränkungen sind darzustellen. Ein Maßnahmenkatalog der Landschaftspflege mit Dringlichkeitsstufen und voraussichtlichen Kosten der vordringlichen Zielsetzungen soll sich anschließen... In den Landschaftsplänen ... sind auch Aussagen über bestimmte Funktionen und Freiflächen, die u.a. für Freizeit und Erholung, Klima oder für die Gliederung und Gestaltung des Orts- und Landschaftsbildes, aber auch für die Primärproduktion von Bedeutung sind, zu machen."

In Niedersachsen sollen von den Gemeinden "Landschafts- und Grünordnungspläne" erarbeitet werden, "soweit dies zur Verwirklichung der Ziele des Naturschutzes und der Landschaftspflege erforderlich ist ... zur Vorbereitung oder Ergänzung ihrer Bauleitplanung (bzw.) zur Vorbereitung von Maßnahmen nach § 28 (Anm. d. Verf.: Ausweisung geschützter Landschaftsbestandteile) sowie zur Gestaltung von Grünflächen, Erholungsanlagen und anderen Freiräumen ..." (§ 6 NNatG).

Genauere Angaben zu den Inhalten macht das NNatG nur bezüglich der Landschaftsrahmenplanung. Da die dort genannten Inhalte nach offiziellen Aussagen jedoch auch auf die örtliche Landschaftsplanung zu übertragen sind, sollen sie im folgenden wiedergegeben werden:

"Der Landschaftsrahmenplan stellt gutachtlich mit Text, Karte und zusätzlicher Begründung dar

1. den gegenwärtigen Zustand von Natur und Landschaft sowie die voraussichtlichen Änderungen,

2. die Teile von Natur und Landschaft, die die Voraussetzungen der §§ 24-28 (Anm. d. Verf.: Schutzgebiete und -objekte) erfüllen,

3. die erforderlichen Schutz-, Pflege- und Entwicklungsmaßnahmen für die in Nummer 2 bezeichneten Teile von Natur und Landschaft,

4. die sonst erforderlichen Maßnahmen zur Verwirklichung der Ziele des Naturschutzes und der Landschaftspflege, insbesondere Maßahmen des Artenschutzes und die Ordnung des Bodenabbaus" (§ 5 NNatG).

Während die Inhalte der Landschaftsrahmenplanung in Niedersachsen bereits seit langem sowohl durch einen ministeriellen Erlaß ("Richtlinien") als auch durch zusätzliche "Hinweise" der zuständigen Fachbehörde geregelt sind, legen die für die örtliche Landschaftsplanung von der Fachbehörde herausgegebenen "Hinweise" ihren Schwerpunkt auf Vorschläge zu den einzuhaltenden Verfahrensschritten vor.

Das schleswig-holsteinische Landschaftspflegegesetz (LPflegG) übernimmt in seinem § 6 im Großen und Ganzen die Formulierungen des BNatSchG, sieht also - anders als Niedersachsen - keine Grünordnungsplanung vor. Landschaftspläne sollen "insbesondere vor Aufstellung, Ergänzung, Änderung oder Aufhebung von Bauleitplänen" erarbeitet werden. Sie enthalten "auf der Grundlage des Landschaftsrahmenplans"

1. die Darstellung des vorhandenen Zustandes von Natur und Landschaft,

2. die Bewertung des erfaßten Zustandes und der Anforderungen an die Raumnutzungen nach den Zielen des Naturschutzes und der Landschaftspflege und

3. die Darstellung des angestrebten Zustandes von Natur und Landschaft und der dafür erforderlichen Maßnahmen (§ 6 Abs.2 LPflegG).

Durch einen Erlaß des schleswig-holsteinischen MELF werden die Ausführungen des § 6 LPflegG präzisiert: "Der Grundlagenteil erfaßt die natürlichen und sozio-ökonomischen Gegebenheiten des Planungsgebietes."

Zu den sozio-ökonomischen Gegebenheiten zählen u.a.

- "bestehende Rechtsverhältnisse, z.B. Naturschutz- und Landschaftsschutzgebiete, (...), Erholungswald, Erholungsgebiete, Erholungsschutzstreifen,

- soziale und wirtschaftliche Gegebenheiten, soweit sie für die Planung und Durchführung in der Gemeinde selbst sowie für das Verständnis der dargestellten Planungen und Maßnahmen im Hinblick auf
  die sie bewirkenden Gegebenheiten und begründenden Erfordernisse notwendig sind (z.B. Situation der
  (...) Fremdenverkehrs- oder Erholungserfordernisse für naheliegende Verdichtungsgebiete, Verkehrs-
  gunst, usw.)".

Im Entwicklungteil des Landschaftsplanes sind auf der Grundlage einer landschaftlichen Eignungsbewertung und
der sozio-ökonomischen Gegebenheiten die landschaftspflegerischen Planungsinhalte abzuleiten. Hierzu sollen
neben allgemeinen Angaben zur Flächennutzung und speziellen Inhalten nach §§ 5 und 9 BauGB auch zählen:

- Maßnahmen zum Ausgleich und zur Beseitigung von Landschaftsschäden,

- räumliche und sachliche Abgrenzung naturschutzrechtlich zu sichernder Gebiete,

- Ausstatung bestimmter Gebiete mit Erholungseinrichtungen,

- Ausstattung mit erholungsbezogenen Versorgungs- und Kultureinrichtungen usw.

Damit greift die schleswig-holsteinische Landschaftsplanung mit dem Instrument des Landschaftsplanes im Vergleich der hier näher beschriebenen drei Bundesländer - zumindest theoretisch - relativ weit in den Bereich der
Fremdenverkehrsplanung hinein.

Erholungsplanung im Rahmen der Landschaftsplanung

Wegen der Bedeutung dieses Komplexes für das E+E-Vorhaben soll im folgenden über die allgemeinen Angaben
zu den Inhalten der örtlichen Landschaftsplanung hinaus noch einmal vertieft auf den Aufgabenbereich "Freizeit
und Erholung" im Rahmen der Landschaftsplanung eingegangen werden.

Der Anspruch von Naturschutz und Landschaftspflege auf diesen Aufgabenbereich ist nicht nur historisch zu
verstehen (etwa aus der Herkunft der Landschaftsplanung aus Gartenarchitektur und Landschaftspflege/Heimat-
schutz), er leitet sich vielmehr direkt aus § 1 Abs.1 BNatSchG ab. Dort heißt es:

"Natur und Landschaft sind im besiedelten und unbesiedelten Bereich so zu schützen, zu pflegen und zu
entwickeln, daß
1. die Leistungsfähigkeit des Naturhaushalts,
2. die Nutzungsfähigkeit der Naturgüter,
3. die Pflanzen- und Tierwelt sowie
4. die Vielfalt, Eigenart und Schönheit von Natur und Landschaft
als Lebensgrundlage des Menschen und als Voraussetzung für seine Erholung in Natur und Landschaft
nachhaltig gesichert sind" (Unterstr. d. Verf.).

In den Grundsätzen des § 2 BNatSchG ist darüber hinaus das Ziel der Erholungsvorsorge näher konkretisiert:

"Für Naherholung, Ferienerholung und sonstige Freizeitgestaltung sind in ausreichendem Maße nach ihrer
natürlichen Beschaffenheit und Lage geeignete Flächen zu erschließen, zweckentsprechend zu gestalten und zu
erhalten".

In den §§ 15 und 16 BNatSchG wird der Aspekt des Schutzes bzw. der Entwicklung der Landschaft für die Erholung ausdrücklich als Begründung für die Ausweisung von Schutzgebieten genannt:

"Landschaftsschutzgebiete sind rechtsverbindlich festgesetzte Gebiete, in denen ein besonderer Schutz von Natur und Landschaft ... wegen ihrer besonderen Bedeutung für die Erholung erforderlich ist" (§ 15 BNatSchG), "Naturparke sind einheitlich zu entwickelnde und zu pflegende Gebiete, die ... sich wegen ihrer landschaftlichen Voraussetzungen für die Erholung besonders eignen..." Sie sollen "entsprechend ihrem Erholungszweck geplant, gegliedert und erschlossen werden" (§ 16 BNatSchG).

Als Aufgabe eines "sektoralen Fachbeitrages »Freizeit und Erholung«" kann demnach die "Erhaltung und Entwicklung der Landschaft als Erlebnis- und Erholungsraum einschließlich der dem Erholungsanspruch dienenden Freiflächen im Siedlungsbereich" (BML 1976, S. 17) formuliert werden unter Berücksichtigung der folgenden Teilaufgaben:

- Eingrenzung auf die an die natürliche Beschaffenheit des Raumes gebundenen Formen von Freizeit und Erholung ("Erholungsaktivitäten")

- Einschätzung der Nachfrage nach derartigen Aktivitäten im Planungsraum

- Bewertung der Eignung unterschiedlicher Teilräume des Planungsgebietes (Ermittlung des Erlebnis- und Erholungspotentials)

- Erarbeitung von Planungsvorschlägen zur Erschließung, Gestaltung und Sicherung geeigneter Flächen.

In der Vergangenheit sind vor allem auf der gemeindlichen Ebene, auf der sich bei der Landschaftsplanung staatliche Naturschutzaufgaben mit kommunalen Selbstverwaltungsaufgaben häufig vermischen, aber auch auf der Ebene des Landschaftsrahmenplanes (vgl. HAHN-HERSE/KIEMSTEDT/WIRZ, 1984), eine Vielzahl von Landschaftsplanungen mit o.g. Anspruch erarbeitet worden.

Nicht erst seit PFLUG (1981) ist auf der anderen Seite nicht zu verkennen, daß die Erholungssuchenden aus der Sicht von Naturschutz und Landschaftspflege nicht nur eine Klientel darstellen, für die es Landschaft zu pflegen, zu entwickeln und zu erschließen gilt, sondern daß dieselben Erholungssuchenden auch eine Beeinträchtigung von Natur und Landschaft darstellen können, daß mithin - wo erforderlich - auch gegen sie (im Sinne von Lenkung/-Steuerung) geplant werden muß (vgl. GASSNER, 1981; GILDEMEISTER, 1985; WEIGER, 1983).

In den "Hinweisen" der niedersächsischen Fachbehörde für Naturschutz zur Aufstellung des Landschaftsrahmenplanes nach §5 NNatG wird in bezug auf die Erholungsplanung der Inhalt des Landschaftsrahmenplanes folgendermaßen näher definiert:

"Als wichtige Bereiche für Erholung sind ... die vorhandenen Erholungsgebiete dargestellt. Im Text werden die Belastungen von Natur und Landschaft in diesen Gebieten, die einerseits durch die Erholung selbst, andererseits durch andere Nutzung auftreten, beschrieben.

Unter Nr. ... soll - ausgehend von der Belastungsfähigkeit von Natur und Landschaft - eine Konzeption für Schutz-, Pflege- und Entwicklungsmaßnahmen zur Entlastung von Natur und Landschaft in Erholungsgebieten erarbeitet werden. Dabei wird an dieser Stelle ein Bedarf an zusätzlichen Erholungsflächen ermittelt, wenn dies zur Entlastung von Natur und Landschaft erforderlich ist.

Unter Nr. ... werden die "Vorranggebiete für ruhige Erholung in Natur und Landschaft" aus den Gebieten und Zielen nach Nrn. ..., ... und ... abgeleitet und als Beitrag für das Regionale Raumordnungsprogramm und die Bauleitplanung vorgeschlagen. Darüber hinaus werden sonstige Maßnahmen aufgezeigt, die außerhalb der nach § 26 NNatG schutzwürdigen Erholungsflächen liegen, aber zu deren Entlastung erforderlich sind."

4.2　　　　Vorgehen und Verfahren in den drei Modellgemeinden

4.2.1　　　　Gemeinde Bad Zwischenahn

Organisation der Bearbeitung

Die "Arbeitsgruppe (AG) Landschaftsplanung", deren Zusammensetzung - in Abstimmung mit den Planern - durch die Gemeindeverwaltung geregelt war, bestand aus den folgenden Mitgliedern:

- Gemeindeverwaltung (Gemeindedirektor, Vertreter des Bauamtes)
- Vertreter der Ratsfraktionen
- Vertreter des Landkreises Ammerland-Amt für Umweltschutz
- Vertreter der Naturschutzgemeinschaft Ammerland
- Vertreter des Ammerländer Landvolk-Verbandes e.V.
- Vertreter der Ammerländer Jägerschaft
- Vertreter der Kurbetriebsgesellschaft Bad Zwischenahn mbH
- Vertreter der evangelischen Kirche
- Mitarbeiter des Planungsbüros Nord-West-Plan (Flächennutzungsplanung)
- Mitarbeiter des Büros für Tourismus und Erholungsplanung (Fremdenverkehrsplanung)
- Mitarbeiter des Planungsbüro Wirz (Landschaftsplanung)

Die Gemeindeverwaltung übernahm sowohl die organisatorischen Aufgaben (z.B. Versendung von Einladungen mit Tischvorlagen oder Führung von Protokollen zu jeder Sitzung) als auch die Gesprächsführung in den einzelnen AG-Sitzungen.

Zunächst wurde das Gesamtprojekt in einem Treffen beiden Arbeitsgruppen (AG "Landschaftsplanung" und AG "Fremdenverkehrsplanung") vorgestellt. Es fand ein erster Austausch zur Vorgehensweise und zu den Inhalten der Bearbeitung statt.

Danach erfolgte eine Befragung aller AG-Mitglieder, bei der in Einzelgesprächen die Planung betreffende Anforderungen und Ansichten geschildert und diskutiert wurden. So konnten frühzeitig mögliche Schwellenängste und Vorurteile (z.B. zwischen den Vertretern der Landwirtschaft und den Landschaftsplanern) abgebaut werden. Es ergab sich in der AG eine offene, positive Atmosphäre, in der verschiedene Standpunkte zwar heftig diskutiert, insgesamt gesehen aber auch respektiert wurden.

Die AG-Treffen wurden jeweils durch von den Planern zusammengestellte, von der Gemeinde vorab verschickte Tischvorlagen vorstrukturiert. Dynamische Diskussionen entstanden insbesondere während der Ziel- und Maßnahmenfindung, in der ein heftiges Ringen um einzelne Inhalte stattfand. Mit Hilfe der guten Ortskenntnis einzelner AG-Mitglieder konnten die Planer, speziell in der Phase der Erarbeitung von Maßnahmen, zahlreiche wertvolle Anregungen und Hinweise in ihr Konzept aufnehmen.

Durch die konstante Mitarbeit blieb der Informationsstand aller AG- Mitglieder größtenteils gleich, so daß die Wiederholung einzelner Themen und Planungsinhalte nicht notwendig wurde. In unregelmäßigen Abständen, während der Zielfindungsphase einmal im Monat, arbeiteten beide Arbeitsgruppen gemeinsam und tauschten Informationen und Erfahrungen aus.

Als sehr hilfreich erwies sich der während des gesamten Planungsablaufes konstant mitarbeitende, gut informierte Ansprechpartner in der Gemeindeverwaltung. Wichtige planungsbezogene Informationen wurden selbstständig und gut aufbereitet an die Planer weitergegeben. Darüber hinaus wurden die Landschaftsplaner zu aktuell anstehenden Planungsentscheidungen befragt oder um schriftliche Stellungnahmen gebeten.

Die intensive Beschäftigung mit der Thematik über zwei Jahre hinweg trug in der Arbeitsgruppe und damit auch in der gesamten Gemeinde erheblich zum Verständnis des Instrumentes Landschaftsplan bei, die Akzeptanz der landschaftsplanerischen Zielvorstellungen ist mit Sicherheit gestiegen.

Arbeitsinhalte

Die Datensituation sowohl für die biotischen als auch abiotischen Faktoren war in Bad Zwischenahn sehr gut. Das Amt für Umweltschutz des Landkreises Ammerland erarbeitete mit zeitlichem Vorlauf einen Landschaftsrahmenplan für seinen Zuständigkeitsbereich. Dadurch konnten zahlreiche Daten, u.a. auch zum "Arten- und Biotopschutz" während der Bestandsaufnahme des Landschaftsplans ausgewertet werden.

Zu den Potentialen "Boden", "Wasser" und "Klima/Luftqualität" gab es sehr gute und umfangreiche Informationen. Die Erarbeitung des Erholungspotentials erfolgte in enger Zusammenarbeit mit den Fremdenverkehrsplanern.

Die für den Landschaftsrahmenplan Landkreis Ammerland (LANDKREIS AMMERLAND, 1990) durchgeführte Kartierung des Landschaftsbestandes und der aktuellen Flächennutzung aus der CIR-Luftbildauswertung erleichterte die Geländearbeit der Planer erheblich. Ergänzend wurden stichpunktartige Geländekartierungen (pflanzensoziologische und faunistische Aufnahmen in ausgewählten Bereichen) durchgeführt.

Die im Planungsgebiet vorkommenden Biotoptypen wurden anhand der Indikatoren "Nutzungsintensität", "Vielfalt an Arten mit enger Standortbindung", "Möglichkeit des Vorkommens gefährdeter Pflanzenarten", "Vegetationsstruktur" sowie "besondere Standortbedingungen" nach ihrer Bedeutung als Lebensraum für Pflanzen und Tiere beurteilt, fünf unterschiedlichen Wertstufen zugeordnet (Biotope mit sehr hoher, hoher, mittlerer, geringer oder sehr geringer Bedeutung als Lebensraum für Pflanzen und Tiere (Wertstufen I bis V)) und in der Karte "Biotoppotential" dargestellt. Daneben wurden auch vorhandene Beeinträchtigungen des Planungsgebietes sowie potentielle Funktionen, Entwicklungsmöglichkeiten und Gefährdungen wiedergegeben.

Die Bearbeitung des Themas "Erholungspotential" (s. hierzu Abb. 3 auf den folgenden Seiten) erfolgte in enger Zusammenarbeit bzw. in Arbeitsteilung mit den Fremdenverkehrsplanern. Dabei wurden von den Landschaftsplanern zunächst die im Planungsgebiet anzutreffenden Biotoptypen nach ihrer Bedeutung für das Naturerleben (Erlebnisqualität) eingestuft. Die Bewertung anhand der Indikatoren "Naturnähe", "Schichtung" und "Vielfalt" ermöglichte im folgenden die Zuordnung jeweils einer von insgesamt vier "Wertstufen der Erlebnisqualität" (Biotope mit sehr hoher, hoher, mittlerer und geringer Bedeutung für das Naturerleben (Wertstufen I bis IV)). Darüber hinaus wurde das Planungsgebiet in unterschiedliche "Landschaftsbildtypen" aufgegliedert, die sich durch typische Struktur- und Formelemente voneinander unterscheiden. Abschließend wurden auch Aussagen zu vorhandenen Beeinträchtigungen und Gefährdungen für die Erholungseignung der Landschaft getroffen.

Das umfangreiche Datenmaterial zu den Themenbereichen "Boden", "Wasser" und "Klima/Luftqualität" wurde gesichtet, ausgewertet und in Text und Karten ausführlich dargestellt.

Unter dem Begriff "Bodenpotential" wurde die Leistungsfähigkeit der Böden für die Erhaltung der Bodenfunktionen ("Bodenschutz") zusammengefaßt. Bewertet wurden die natürliche Fruchtbarkeit ("Natürliches ackerbauliches Ertragspotential"), die Erosionsgefährdung ("Empfindlichkeit gegenüber Winderosion"), das Puffervermögen der Böden gegenüber Luftschadstoffen wie Säurebildnern und Metallen ("Versauerungsempfindlichkeit"), die bestehenden Gefährdungen und Belastungen der Böden infolge landwirtschaftlicher Nutzung, infolge des Stoffeintrags

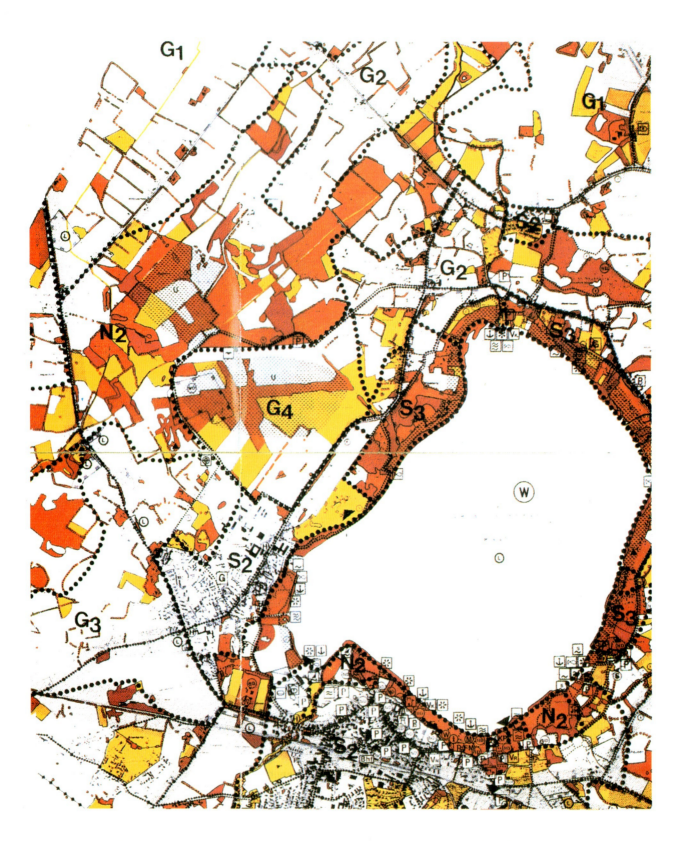

Abb. 3: Karte "Erholungspotential" der Landschaftsplanung Bad Zwischenahn (Ausschnitt)

Erlebnisqualität der Biotope

☐	sehr hoch Wertstufe I
☐	hoch Wertstufe II
☐	mittel Wertstufe III
☐	gering Wertstufe IV

Landschaftsbildtypen

G_1 Intensiv genutzter Geestbereich, kaum strukturiert

G_2 Reich strukturierter Geestbereich

G_3 Baumschulgeprägter Geestbereich

G_4 Grünlandgeprägter Geestbereich

H_1 Kultiviertes Hochmoor, strukturiert

H_2 Kultiviertes Hochmoor, wenig strukturiert

N_1 Weiträumige Niederung

N_2 Reich strukturierte Niederung

W Großes Waldgebiet

S_1 Ländliche Siedlung

S_2 Städtische Siedlung

S_3 Wochenendsiedlung

P Parklandschaft

Vorgaben aus dem Landesraumordnungsprogramm Niedersachsen [1]

Siehe Übersicht am rechten oberen Kartenrand   Gebiet mit besonderer Bedeutung für Erholung

Schutzgebiete

☐ Ⓛ   Landschaftsschutzgebiet [2]

☐ Ⓛ   Landschaftsschutzgebiet, geplant [3]

☐ ND   (flächenhaftes) Naturdenkmal [2]

Wasserflächen

══════   Fließgewässer

Ⓦ   Stillgewässer mit Bedeutung für die Erholung [4]

Erholungseinrichtungen

······Ⓖ······   klassifizierter Wanderweg [5]

··············   Wanderweg [6]

············   Spazierweg [6]

···············   Trampelpfad [5]

+─+─+─+   aufgestetes Wegstück [6]

•••••••••••••   Radweg [5]

ᴄ ᴄ ᴄ ᴄ ᴄ   Reitweg

Ⓗ   Haltestelle [5]

V_R   Radverleih [6]

▣   Reitanlage [6]

≋   Badestelle [5]

≈   Freibad [5]

Ⓒ   Campingplatz [6]

P   Parkplatz [6]

ᘛ   Grillplatz [6]

Sehenswürdigkeiten [7]

Ⓡ   Aussichtsturm

✳   Aussichtspunkt

ⒻⓂ   Freilandmuseum

Ⓜ   Museum

Beeinträchtigungen

◆─◆─◆   Visuelle Beeinträchtigungen durch vorhandene Elektrofreileitung (> 110 kV) [3]

◆──◆──◆   Visuelle Beeinträchtigungen durch geplante Elektrofreileitung (> 110 kV) [3]

▲   Visuelle Beeinträchtigungen durch Bebauung (vorhandene und geplante Gewerbe- und Industrieanlagen) [4]

V   Lärmbelästigung durch Gewerbe

▒   Verlärmungszone an Straßen (> 55 dB <A>) [10]

▒   Verlärmungszone an DB-Strecken (> 55 dB <A>) [11]

G   Geruchsbelästigung [4]

▲   Müll, Bauschutt, Gartenabfälle [4]

Maßstab 1: 10 000   (im Original)

LANDSCHAFTSPLAN
BAD ZWISCHENAHN
erarbeitet
im Auftrag
der Gemeinde Bad Zwischenahn

Planungsbüro Dipl.-Ing. Stefan Wulz Landschaftsplaner Landschaftsarchitekt BDLA	Karte 6 Erholungspotential
Fluggestraße 21 3000 Hannover Tel. 0511 34 20 42 Fax 34 20 33	bearbeitet AM/BI/Pr
	gezeichnet Be

aus Hauptverkehrsstraßen, der Auswirkung von Altlasten, von Versauerung, Bodenabbau und Inanspruchnahme als Siedlungs- und Verkehrsflächen. Darüber hinaus erfolgte eine Bestimmung von Extrem- und Sonderstandorten, die aufgrund ihrer besonderen Eigenschaften die Fähigkeit für die Entwicklung einer schutzwürdigen Vegetation besitzen ("Biotopentwicklungspotential") und die Darstellung der aus kulturhistorischer Sicht schutzbedürftigen Bodentypen.

Im Zuge der Erarbeitung des "Wasserpotentials" wurde zunächst eine Bewertung der Grundwasservorkommen im Hinblick auf deren Verschmutzungsempfindlichkeit gegenüber Nitrat und Phosphateintrag vorgenommen. In weiteren Schritten wurden die physiko-chemischen Filtereigenschaften der Böden gegenüber Schadstoffen und bestehende Gefährdungen und Belastungen des Grundwassers als Folge der vorhandenen Intensität landwirtschaftlicher Bodennutzung (Düngeraufwand, Meliorationsmaßnahmen), der Entsorgungssituation kommunaler Abwässer und Klärschlämme, von Emissionen aus belastendem Gewerbe und Straßenverkehr sowie von Grundwasserentnahmen untersucht.

Auch die Oberflächengewässer sind im Hinblick auf bestehende Belastungen bewertet worden. Dabei wurden die Gewässergüteklassen der jeweiligen Fließgewässer zugrunde gelegt und die aktuellen Werte untersuchter Parameter mit sog. "Mindestgüteanforderungen" verglichen. Einen Schwerpunkt der Untersuchung bildete die Einschätzung der Ursachen für den derzeitigen Zustand des eng mit den Fließgewässern verknüpften Zwischenahner Meeres.

Zur innerörtlichen Luftqualität konnte auf ein Gutachten des Deutschen Wetterdienstes zurückgegriffen werden. Gebietsspezifische klimatische Regenerationsleistungen wurden über die lokalklimaprägenden Faktoren "Flächennutzung" und "orographische Verhältnisse" ermittelt, wobei sieben charakteristische Gebiete mit lokalklimatischen Besonderheiten unterschieden wurden.

Aufbauend auf die Ergebnisse der Bestandsaufnahme und der anschließenden Bewertung (Potentialarten) wurden absehbare Konflikte herausgearbeitet, Entwicklungsziele formuliert und diese - aufbereitet in Text und Karte - in den Arbeitsgruppen Landschaftsplanung und Fremdenverkehrsplanung diskutiert. Aus einem mit der AG Landschaftsplanung abgestimmten Zielkonzept wurden daraufhin konkrete Maßnahmen zum Schutz, zur Pflege und zur Entwicklung von Natur und Landschaft abgeleitet und festgelegt (vgl. Abb. 3 und Abb. 4)

4.2.2   Gemeinde Baiersbronn

Organisation der Bearbeitung

In Baiersbronn begleitete das Vorhaben ein gemeindlicher Ausschuß, dessen Mitglieder z.T zu beiden Arbeitsgruppen (in Baiersbronn: Arbeitskreise - im folgenden AK genannt) gehörten. Der AK Landschaftsplanung setzte sich aus folgenden Mitgliedern zusammen:

- Vertreter der Gemeindeverwaltung
- Vertreter der Ratsfraktionen
- Vertreter des Landratsamtes - Untere Naturschutzbehörde
- Vertreter der Bezirksstelle für Naturschutz und Landschaftspflege
- Vertreter der Forstverwaltung und Landschaftspflege
- Vertreter der Landwirtschaft
- Vertreter der Wasserwirtschaft
- Vertreter der Flurbereinigung
- Vertreter der Straßenbauverwaltung
- Vertreter aus Gastronomie, Handel und Gewerbe
- Vertreter des Regionalverbandes Nordschwarzwald
- Herr Dr. Schemel und Herr Hamele (Fremdenverkehrsplanung)
- Frau Barbara Miess (Landschaftsplanung)

Auch in Baiersbronn fand einführend eine gemeinsame AK-Sitzung statt, in der beide Arbeitsgruppen grundsätzlich über das Gesamtvorhaben informiert wurden. Danach tagten beide Arbeitskreise getrennt voneinander. Die jeweiligen Treffen waren ähnlich organisiert wie in Bad Zwischenahn. Vor den Sitzungen wurden Tischvorlagen verschickt, im Anschluß an die Zusammenkünfte Protokolle verfaßt. Im Unterschied zur Gemeindeverwaltung Bad Zwischenahn überließ in Baiersbronn der Bürgermeister die Sitzungsleitung den Planern.

Im AK Landschaftsplanung lieferten überwiegend die Planer das Material und damit Diskussionsstoff, während die AK-Mitglieder eher reagierten. Die Fremdenverkehrsplaner gingen in ihrem AK anders vor und versuchten, aus der Arbeitsgruppe heraus Ideen zu entwickeln. Die daraus resultierenden Schwierigkeiten sind in Kapitel 5.2.2 näher beschrieben.

Durch die regelmäßige Teilnahme der Beteiligten an den Arbeitskreissitzungen war der Informationsgrad sehr hoch, so daß qualifiziert diskutiert werden konnte. Die Planer in Baiersbronn hatten zu Beginn einen festen Ansprechpartner in der Gemeindeverwaltung. Dieser Sachbearbeiter fiel leider schon nach kurzer Zeit aus und wurde nicht durch einen Stellvertreter ersetzt. Den Planern wurde - auf Kosten der Gemeinde - als Informationsquelle regelmäßig das Gemeindeblatt und der Kurkurier zugestellt.

Die beteiligten Planer sind überzeugt, daß gerade die Mitwirkung von Entscheidungsträgern das Verständnis für den Landschaftsplan erhöht hat. Besonders die ausführlichen Diskussionen in der Ziel- und Maßnahmenebene trugen zur Akzeptanz der Landschaftsplaninhalte bei.

Arbeitsinhalte

Wichtige Datenquelle bei der Landschaftsplanung Baiersbronn waren die parallel laufenden Vorarbeiten zur Aufstellung eines Regionalplans (**"Regionalplan 2000"**) durch den Regionalverband Nordschwarzwald (vgl.: Protokoll des 1. Treffens der "projektbezogenen Arbeitsgruppe" am 26.10.1989).

Aus dem Anhang II zum Landschaftsrahmenplan ("Landschaftlich wertvolle Bereich") in diese Planung als "schutzbedürftige Bereiche für Naturschutz und Landschaftspflege" übernommene Flächen bildeten z.B. eine der Grundlagen für die Bewertung des Zustandes von Natur und Landschaft bei der Ermittlung des "Biotoppotentials". Darüber hinaus wurden die von der Biotopkartierung des Landes Baden-Württemberg erfaßten, aus landesweiter Sicht bedeutsamen Biotope und Biozönosen (z.T. besonders geschützte Biotope nach § 24 NatSchG) in ihren Wertstufen ("hervorragender", "sehr guter", "guter" und "durchschnittlicher" Biotopwert) ebenso berücksichtigt wie die in der selektiven Waldbiotopkartierung der Forstlichen Versuchsanstalt Baden-Württemberg erhobenen "ökologisch besonders hochwertigen Biotopflächen im Wald" (u.a. Naturnahe Waldgesellschaften, Waldränder und Waldbestände mit schützenswerten Tierarten (Auerhuhnbiotope)) sowie rechtlich festgesetzte Schutzgebiete.

Der Schwerpunkt innerhalb der Bestandsaufnahme lag aber auf der vom Landschaftsplanungsbüro in der "offenen Flur" flächendeckend durchgeführten "Realnutzungskartierung nach Biotoptypen" im Maßstab 1 : 10.000. Diese aufwendige Geländearbeit war erforderlich, weil die o.g. Quellen nur einen Teil des Gemeindegebietes abdecken. Das reichte aber für die örtliche Landschaftsplanung nicht aus.

Sämtliche Flächen(kategorien) wurden in ihrer "Eignung als Lebensraum für Pflanzen und Tiere" bewertet und dabei jeweils einer von vier Wertstufen (I = "Naturschutzvorranggebiete; sehr guter Biotopwert", II = "Landschaftsräume mit hoher Naturschutzfunktion; guter Biotopwert", III = "Landschaftsräume mit mittlerer Naturschutzfunktion; durchschnittlicher Biotopwert", IV = Landschaftsräume mit begrenzter Naturschutzfunktion; Biotopwert vorhanden") zugeordnet.

Die Überlagerung der in ihrer Eignung als Lebensraum eingestuften Biotope mit vorhandenen Belastungen von Flora und Fauna durch die Nutzungen Siedlung, Verkehr und Landwirtschaft diente der anschließenden Ableitung landschaftsplanerischer Entwicklungsziele.

Zwei zusätzliche und arbeitsaufwendige Schwerpunkte der Landschaftsplanung waren

- die Erfassung bzw. Überprüfung bereits erfaßter Einzelbäume, Baumgruppen und sonstiger Gehölzbestände zwecks Erstellung einer "Vorschlagsliste für Naturdenkmale" und
- die Einzelbewertung geplanter "Aufforstungsflächen" (meist Fichtenmonokulturen) im Hinblick auf die "Offenhaltung von Wiesenflächen" (Problematik der "Mindestflur").

Die Potentiale "Boden", "Wasser" und "Klima/Luftqualität" konnten aufgrund der Datenlage nicht annähernd so umfassend bearbeitet werden wie das "Biotoppotential".

Bei der Erarbeitung des "Bodenpotentials" wurde ganz bewußt keine Wertung der Landbaueignung vorgenommen. Die Landschaftsplanung beschränkte sich hier - mit Ermittlung der Empfindlichkeit gegen Bodenversauerung und der Erosionsempfindlichkeit - auf die Aufgabe Bodenschutz.

Zum Themenbereich "Grundwasser" fehlten z.B. grundsätzliche Informationen wie etwa Angaben zu Einzugsbereichen oder zur Grundwasserergiebigkeit. Erfaßt wurden Retentionsräume, Wasserschutzgebiete sowie Quellbereiche, für die eine Unterschutzstellung geplant ist. Die Empfindlichkeit des Grundwassers gegenüber Verschmutzung wurde anhand der Filterwirksamkeit der Deckschichten eingeschätzt, vorhandene Belastungen durch Schadstoffeinträge und Versiegelung des Bodens wurden aufgezeigt.

Neben der Empfindlichkeit von Stillgewässern wurden - mit Hilfe der vorliegenden, über die Belastung mit organischen Stoffen und die Sauerstoffversorgung bestimmten Gewässergüte - auch die Empfindlichkeit der einzelnen Fließgewässer ermittelt und die von angrenzenden Nutzungen ausgehenden Belastungsfaktoren zusammengestellt.

Schwerpunktthemen bei der Untersuchung des "Klimapotentials" waren - aufbauend auf eine Zustandsbewertung nach Topographie und Nutzung - die Luftreinheit und die Sicherung von Frischluftentstehungsgebieten sowie ihrer Abflußbahnen. Die Empfindlichkeit dieses Potentials wurde v.a. an Schadstoffeinträgen und Schadstoffanreicherung festgemacht, als Belastungen wurden Flächenversiegelung, Emissionen aus Verkehr, Industrie und Gewerbe, die Geruchsentwicklung bei Kläranlagen/Entsorgung sowie der Einsatz von Düngern und Pestiziden in der Landwirtschaft angeführt.

Zur Bestimmung des "Erholungspotentials" ("Eignung der Landschaft für die Erholung und das Naturerlebnis") wurden im Gemeindegebiet zunächst drei sog. "Erlebnisräume" (Kriterien: Relief, Vegetation und Nutzungsformen) abgegrenzt, die sich - bezogen auf die Art ihrer Nutzung - weiter untergliedern. Die Bewertung dieser "Erlebnisräume" in ihrer Eignung für die Erholung (und den Erholungssuchenden) mit Hilfe der Indikatoren "Vielfalt" und "Naturnähe" wurde durch Informationen zum aktuellen Zustand der Erholungsnutzung, zur Erschließung und zu vorhandenen Erholungseinrichtungen ergänzt.

Der Landschaftsplan Baiersbronn führt Entwicklungsziele bereits zu den jeweiligen Potentialen auf, faßt Beeinträchtigungen und Konflikte im Planungsgebiet in einer eigenen Karte zusammen und entwickelt daraus ein Leitbild, das wiederum Grundlage für Maßnahmenvorschläge zur Landschaftsentwicklung ist (vgl. Abb. 6).

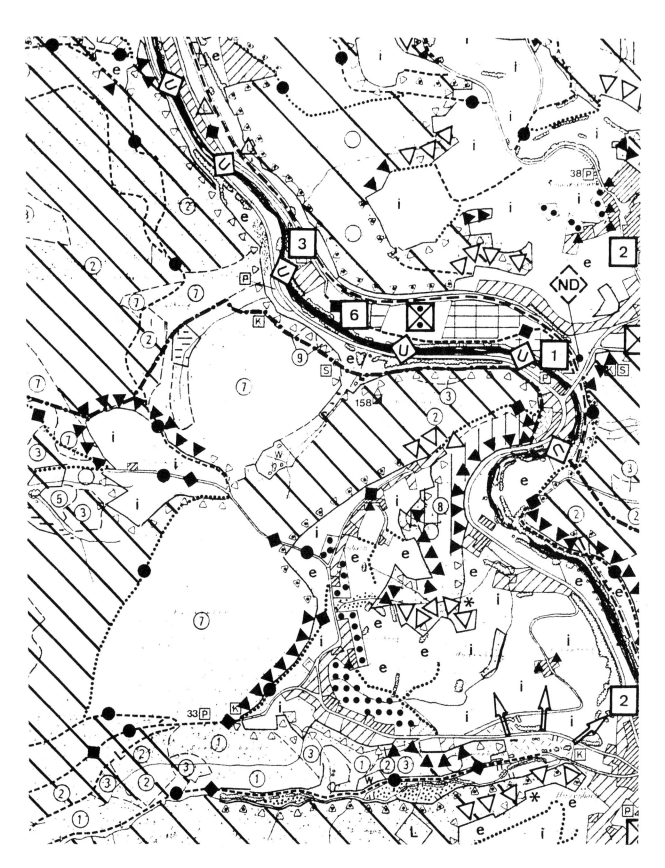

Abb. 6: Maßnahmen zur Landschaftsentwicklung der Landschaftsplanung Baiersbronn (Ausschnitt)

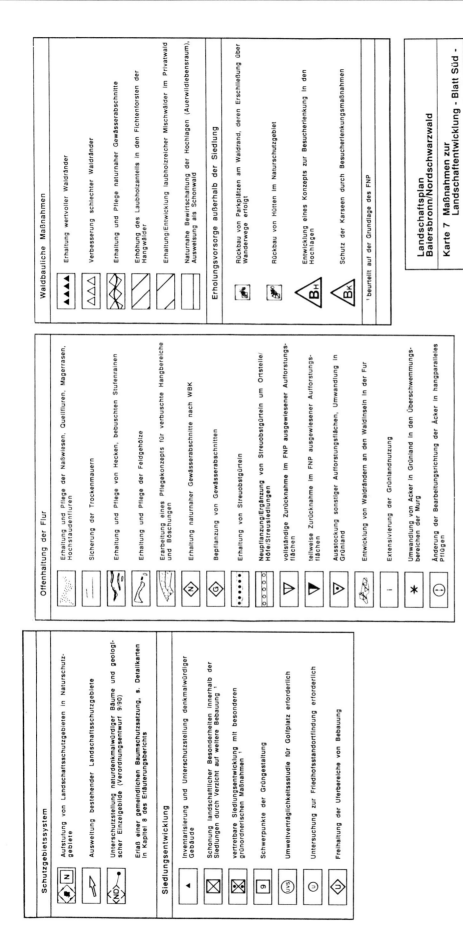

Waldbauliche Maßnahmen

▲▲▲▲ Erhaltung wertvoller Waldränder

△△△ Verbesserung schlechter Waldränder

Erhaltung und Pflege naturnaher Gewässerabschnitte

Erhöhung des Laubholzanteils in den Fichtenforsten der Hangwälder

Erhaltung/Entwicklung laubholzreicher Mischwälder im Privatwald

Naturnahe Bewirtschaftung der Hochlagen (Auerwildlebensraum), Ausweisung als Schonwald

Erholungsvorsorge außerhalb der Siedlung

Rückbau von Parkplätzen am Waldrand, deren Erschließung über Wanderwege erfolgt

Rückbau von Hütten im Naturschutzgebiet

B_H Entwicklung eines Konzepts zur Besucherlenkung in den Hochlagen

B_K Schutz der Karseen durch Besucherlenkungsmaßnahmen

¹ beurteilt auf der Grundlage des FNP

Offenhaltung der Flur

Erhaltung und Pflege der Naßwiesen, Quellfluren, Magerrasen, Hochstaudenfluren

Sicherung der Trockenmauern

Erhaltung und Pflege von Hecken, bebuschten Stufenrainen

Erhaltung und Pflege der Feldgehölze

Erarbeitung eines Pflegekonzepts für verbuschte Hangbereiche und Böschungen

Ⓝ Erhaltung naturnaher Gewässerabschnitte nach WBK

Ⓖ Bepflanzung von Gewässerabschnitten

Erhaltung von Streuobstgürteln

Neupflanzung/Ergänzung von Streuobstgürteln um Ortsteile/Höfe/Streusiedlungen

▷ vollständige Zurücknahme im FNP ausgewiesener Aufforstungsflächen

▷ teilweise Zurücknahme im FNP ausgewiesener Aufforstungsflächen

▷ Ausstockung sonstiger Aufforstungsflächen, Umwandlung in Grünland

Entwicklung von Waldrändern an den Waldinseln in der Fur

│ Extensivierung der Grünlandnutzung

✳ Umwandlung von Äcker in Grünland in den Überschwemmungsbereichen der Murg

⊖ Änderung der Bearbeitungsrichtung der Äcker in hangparalleles Pflügen

Schutzgebietssystem

N Aufstufung von Landschaftsschutzgebieten in Naturschutzgebiete

Ausweitung bestehender Landschaftsschutzgebiete

ND Unterschutzstellung naturdenkmalwürdiger Bäume und geologischer Einzelgebilde (Verordnungsentwurf 9/90)

Erlaß einer gemeindlichen Baumschutzsatzung, s. Detailkarten in Kapitel 8 des Erläuterungsberichts

Siedlungsentwicklung

▲ Inventarisierung und Unterschutzstellung denkmalwürdiger Gebäude

⊠ Schonung landschaftlicher Besonderheiten innerhalb der Siedlungen durch Verzicht auf weitere Bebauung ¹

⊠ vertretbare Siedlungsentwicklung mit besonderen grünordnerischen Maßnahmen ¹

G Schwerpunkte der Grüngestaltung

UVS Umweltverträglichkeitsstudie für Golfplatz erforderlich

⊙ Untersuchung zur Friedhofsstandortfindung erforderlich

U Freihaltung der Uferbereiche von Bebauung

Landschaftsplan
Baiersbronn/Nordschwarzwald

Karte 7 Maßnahmen zur Landschaftsentwicklung - Blatt Süd -

Auftraggeber: Gemeinde Baiersbronn

Bearbeitung: Büro für Landschaftsplanung Miess + Miess
Friedrich-Naumann-Str. 6   Tel.0721/751174
7500 Karlsruhe 21   Fax 0721/752219

Kartengrundlage: Zusammenstellung aus Flurkarte 2500

Maßstab 1 : 10 000   Stand 12/1991

gefördert mit Mitteln des BMU und des UM BW im Rahmen des Erprobungs- und Entwicklungsvorhabens Landschaftsplanung und Fremdenverkehrsplanung

4.2.3   Gemeinde Süsel

Organisation der Bearbeitung

In Süsel tagte - im Unterschied zu den beiden anderen Gemeinden - lediglich eine gemeinsame Arbeitsgruppe (AG) Landschaftsplanung/Fremdenverkehrsplanung, die sich ursprünglich nur aus Mitgliedern der Gemeindevertretung und den Planern zusammensetzte. 1990 wurde die AG dann erheblich erweitert und bestand von diesem Zeitpunkt an aus den folgenden Mitgliedern:

- Gemeindeverwaltung

- Vertreter der Ratsfraktionen

- die Vorsitzenden des Bau- und Planungsausschusses, des Umweltausschusses und des Ausschusses für Wirtschaftsförderung und Fremdenverkehr

- Vertreter des Fremdenverkehrsvereins Süsel

- Vertreter der Süseler Umweltschutzinitiative (SUSI)

- Vertreter aus Handel und Gewerbe

- der Naturschutzbeauftragte der Gemeinde Süsel

- Mitarbeiter des Planungsbüros Ostholstein (Fremdenverkehrsplanung)

- Mitarbeiter des Planungsbüros Teja Trüper - Christoph Gondesen (TTG) (Landschaftsplanung)

Die Organisation der Sitzungen verlief wie in den beiden anderen Modellgemeinden (Tischvorlagen und Protokolle).

Die AG hatte lange Schwierigkeiten, effektiv zu arbeiten, da aufgrund der geringen Konstanz in der Mitarbeit häufig Inhalte wiederholt vorgetragen oder erneut besprochen werden mußten. Zudem war die Gruppenarbeit durch die Dominanz der Süseler Umweltschutzinitiative geprägt. Streckenweise wurde heftig um ein in der Gemeinde umstrittenes Großprojekt (Campingplatz, vgl. Kap. 5.3.3) gestritten, so daß es für die Planer sehr schwierig wurde, grundsätzliche Zielvorstellungen für das Gemeindegebiet zu diskutieren und diese mit den AG-Mitgliedern abzustimmen.

Der ausgezeichnete Informationsfluß zwischen Gemeinde und Planungsbüros hing vor allem mit der zeitgleichen Beteiligung der Fremdenverkehrsplaner an der Bauleitplanung zusammen. Aktuelle Planungen und Probleme waren daher weitgehend bekannt und konnten somit auch beeinflußt werden.

Arbeitsinhalte

Die Datenlage war, sowohl was die abiotischen als auch was die biotischen Faktoren betrifft, lückenhaft, vorhandene Informationen waren kaum verwertbar. Daher konnten die Potentiale "Boden", "Wasserhaushalt" und "Klima" nur grundlegend bearbeitet werden.

So wurde die Empfindlichkeit des <u>Bodens</u> gegenüber vorhandenen oder möglichen Beeinträchtigungen der Filterfunktion, gegenüber Entwässerung, Wassererosion, Versiegelung und Bodenabbau im wesentlichen anhand der Bodenarten und der Eigenschaftsmerkmale der Bodentypen bestimmt. Auch zu vorhandenen Beeinträchtigungen des Bodens wurden eher generelle Aussagen getroffen.

Als Kriterien zur Ermittlung der Leistungsfähigkeit von <u>Oberflächengewässern</u> für den Naturhaushalt wurden die Wassergüte, das Wasserrückhaltevermögen, die Gewässermorphologie und die Fließgeschwindigkeit herangezogen. Darauf aufbauend wurde die Empfindlichkeit gegenüber Versiegelung, Schadstoffeintrag und Gewässerausbau bestimmt, um anschließend Aussagen zu Beeinträchtigungen und deren Auswirkungen ableiten zu können.

Desweiteren wurde die Empfindlichkeit des <u>Grundwassers</u> gegenüber Schadstoffeinträgen, die von der Stärke und der Wasserdurchlässigkeit der Deckschicht abhängt, und gegenüber Versiegelung eingeschätzt. Als (mögliche) Beeinträchtigungen des Grundwassers wurden Altlastenstandorte, Schadstoffeinträge entlang stark befahrener Straßen und durch landwirtschaftliche Nutzung sowie die Versiegelung von Flächen gewertet.

Die Untersuchung des Themenbereichs "<u>Klima</u>" beschränkte sich weitgehend auf die Auflistung von Daten zum Makroklima. Da klimatische Regenerationsleistungen bei nur ca. 3 - 4 % windstillen Tagen im Jahresdurchschnitt in den Hintergrund treten, wurden geländeklimatische Prozesse im Gemeindegebiet nicht vertiefend aufgearbeitet.

Für den Themenbereich "<u>Lebensräume der Pflanzen- und Tierwelt</u>" mußte das Gemeindegebiet, um die nur für einen Teil der Fläche vorliegenden Aussagen der landesweiten Biotoperfassung zu ergänzen, von den Landschaftsplanern flächendeckend nach Biotoptypen kartiert werden.

Anschließend erfolgte eine Einstufung der Biotoptypen nach standort- und milieubestimmenden Merkmalen in drei sog. "Schutzwürdigkeitskategorien" ("standortbedingte", "regenerationsbedingte" und "nutzungsbedingte Schutzwürdigkeit"), aus der sich wiederum - unter Beachtung der räumlichen Verteilung der Biotoptypen und ihrer Beeinträchtigungen - drei Stufen der Schutzwürdigkeit ("sehr hoch", "hoch" und "gering") ableiten ließen. Eine Einschätzung der Empfindlichkeit wurde nicht vorgenommen, da davon ausgegangen wurde, daß die Empfindlichkeit insgesamt umso höher ist, je höher die Schutzwürdigkeit eines Biotops einzuordnen ist.

Die Erholungsplanung bildete den Schwerpunkt innerhalb des Landschaftsplans **Süsel**. Ein Drittel des erstellten Kartenwerkes ist diesem Thema gewidmet. Zunächst wurden <u>Landschaftsbildtypen</u> abgegrenzt und im Hinblick auf ihre visuellen Qualitäten bewertet, im Anschluß daran wurden Beeinträchtigungen der Erholungsnutzung und die Erlebbarkeit (Zugänglichkeit/Erreichbarkeit) der Landschaft dargestellt. Durch Überlagerung der Ergebnisse bzw. Inhalte ermittelte das Büro daraufhin die "<u>Eignung</u>" unterschiedlicher Landschaftsräume "<u>für die landschaftsbezogene Erholung</u>".

Ausgehend von der Bestandsaufnahme und aufbauend auf den Ergebnissen der nachfolgenden Bewertung wurde eine "Räumliche Funktionsgliederung" für das Gemeindegebiet entworfen, die die Basis für die Ableitung von Einzelmaßnahmen bildete (vgl. Abb. 7).

Abb. 7: Landschaftsplan Süsel (Ausschnitt)

ZEICHENERKLÄRUNG

VORSCHLÄGE FÜR SCHUTZGEBIETE UND SCHUTZOBJEKTE

 NATURSCHUTZGEBIET (§ 16 LPflegG)

 LANDSCHAFTSSCHUTZGEBIET (§ 17 LPflegG)

 NATURDENKMAL (§ 19 LPflegG)

 GESCHÜTZTE LANDSCHAFTBESTANDTEILE (§ 20 LPflegG)

50 / 1 SCHÜTZENSWERTES BIOTOP (§§ 11, 12 UND 24 LPflegG)

 UMGEBUNGSSCHUTZ FÜR ARCHÄOLOGISCHE DENKMÄLER

WALD- UND FORSTFLÄCHEN

 NEUWALDBILDUNG

 ERHOLUNGSWALD

 LANGFRISTIG: ÜBERFÜHRUNG IN WALDBESTÄNDE AUS ÜBERWIEGEND EINHEIM. GEHÖLZEN

 KURZ- UND MITTELFRISTIG: AUFBAU VON WALDRÄNDERN

 NIEDERWALDNUTZUNG

 ENTFERNEN NATURFERNER BAUMBESTÄNDE

 GEHÖLZPFLANZUNG MIT SCHUTZFUNKTION (LÄRM-, IMMISSIONS-, EROSIONSSCHUTZ)

 NATURWALDPARZELLEN

GEWÄSSER UND WASSERWIRTSCHAFT

 ANLAGE VON UFERSCHUTZSTREIFEN

 ANLAGE VON SCHUTZSTREIFEN MIT UFERGEHÖLZEN

 RENATURIEREN VON FLIESSGEWÄSSERN

 ÖFFNEN VON VERROHRUNGEN

 WIEDERVERNÄSSUNG

 TEICH ERHALTEN (MIT SCHUTZZONE)

 EINZÄUNUNG VON FEUCHTBIOTOPEN

 NEUANLAGE VON TEICHEN

 EXTENSIVIEREN DER FISCHEREILICHEN NUTZUNG

 AUFGABE DER FISCHTEICHNUTZUNG

 BESEITIGUNG VON FUTTERPLÄTZEN FÜR ENTEN

 NATURNAHE UFERBEREICHE MIT ERHOLUNGSFUNKTION

 NATURNAHE UFERBEREICHE - SCHUTZZONE FÜR TIERE UND PFLANZEN

 VERBESSERN DER ABWASSERREINIGUNG

LANDWIRTSCHAFTLICHE FLÄCHEN UND WEITERE ELEMENTE DER FREIEN LANDSCHAFT

 FLÄCHEN FÜR ACKERBAULICHE NUTZUNG GEEIGNET

 EXTENSIVIEREN DER ACKERBAULICHEN NUTZUNG

 VORRANGIG EXTENSIVE GRÜNLANDNUTZNG

 GRÜNLANDNUTZUNG (z. T. UMWANDLUNG VON ACKERLAND)

 VERBESSERUNG DER KNICKPFLEGE

 KNICKNEUANLAGE

 BAUMPFLANZUNGEN

 SAUMBIOTOPE

 FLÄCHEN NATÜRLICHER ENTWICKLUNG

 PFLEGE EXTENSIV GENUTZTER FEUCHTWIESEN

 PFLEGE VON TROCKENSTANDORTEN (HALB-TROCKEN- UND TROCKENRASEN, GINSTERFLUREN, HEIDEN)

 NEUANLAGE EINER OBSTWIESE

 VORHANDENE KNICKS ERHALTEN, ENTWICKELN VON ÜBERHÄLTERN

ERHOLUNGSINFRASTRUKTUR

 FREIHALTEN VON AUSBLICKEN

AUSSICHTSTURM

GESTALTUNG MARKANTER ORTE IN DER LANDSCHAFT

EXTENSIV GEPFLEGTE ÖFFENTLICHE GRÜNFLÄCHEN

 WANDERWEGE

FLÄCHEN FÜR BAULICHE NUTZUNGEN

 MÖGLICHE ERWEITERUNG FÜR WOHNBAUFLÄCHEN

 SONDERGEBIETE, DIE DER ERHOLUNG DIENEN (§ 10 BauNVO)

CAMPINGPLATZ

 MÖGLICHE ENTWICKLUNGSRICHTUNG FÜR EINE CAMPINGPLATZERWEITERUNG

 MÖGLICHE ERWEITERUNGSFLÄCHEN FÜR WOHNBAUFLÄCHEN UND ÖRTLICHES HANDWERK UND GEWERBE

 MÖGLICHE ENTWICKLUNG VON GEWERBE-FLÄCHEN

 MÖGLICHE ENTWICKLUNGSRICHTUNG FÜR ÖRTLICHES HANDWERK UND GEWERBE

 FLÄCHEN FÜR BAUSCHUTTRECYCLING UND ASPHALTWERK - STANDORTSICHERUNG

 ERWEITERUNGSRICHTUNGEN FÜR RECYCLING UND ASPHALTWERK

FREIFLÄCHEN IM BESIEDELTEN BEREICH

 GESTALTUNG DES ORTSRANDES

 ERHALT VON OBSTGÄRTEN

 BESONDERE GESTALTUNGSMASSNAHMEN IN BESIEDELTEN BEREICH

 GESTALTERISCHES GESAMTKONZEPT FÜR DEN ORTSKERN

 ERHÖHUNG DER FREIRAUMQUALITÄT DES INNERÖRTLICHEN STRASSENRAUMES

 SPIELFLÄCHE

 SPORTPLATZ

ABLAGERUNGEN UND ABGRABUNGEN

 VORRANGGEBIET KIESABBAU

 AUFFÜLLUNG EHEM. KIESABBAUFLÄCHEN

 RENATURIEREN VON ABBAUFLÄCHEN

 REKULTIVIEREN VON ABBAUFLÄCHEN

 FREIZEITNUTZUNG IN EHEM. KIESABBAUFLÄCHEN

 ALTLASTEN UNTERSUCHEN UND GEGEBENEN-FALLS SANIEREN

5   Inhalte und Methodik der Fremdenverkehrsplanung

5.1   Inhalte und Vorgehensweise

Gesetzliche Vorschriften oder verbindliche Gliederungsmuster, die Verfahrensschritte und Inhalte von kommunalen Fremdenverkehrsplänen festlegen, existieren nicht. In der Vorstudie wurde ein "Ablaufplan für die Fremden-verkehrsplanung" entwickelt und der allen drei Planungsgruppen als Diskussionsgrundlage für das zu wählende Vorgehen übermittelt wurde (siehe Anlage 1). Dieser Verfahrensablauf basiert auf Erfahrungen, die die Gutachter bei der Erstellung "landschaftsbezogener" Fremdenverkehrsplanungen in der Vergangenheit gemacht haben.

Die anschließenden Diskussionen der Fremdenverkehrsgutachter führten zu einer weniger ausdifferenzierten Struktur des Verfahrensablaufes der Fremdenverkehrsplanung. Dieser wurde den drei Vorhaben zu Grunde gelegt. Hierbei wurde - im Gegensatz zu dem in der Vorstudie entwickelten Konzept - darauf verzichtet, die Inhalte der einzelnen Verfahrensschritte im einzelnen festzulegen oder gar bestimmte Methoden der Bestandserfassung und Bewertung vorzugeben. Es sollte vermieden werden, daß auf die in den Modellgemeinden sehr unterschiedlichen Problemlagen mit einem standardisierten planerischen Repertoire reagiert wird (vgl. Kap. 3).

Die Abbildung 8 auf der folgenden Seite gibt das gewählte Arbeitsschema der Fremdenverkehrsplanung wieder.

Für die einzelnen Verfahrensschritte wurde eine Art "Philosophie" festgelegt, nach der sie bearbeitet werden sollten. Diese sieht - stichwortartig beschrieben - wie folgt aus:

Bestandsaufnahme und Analyse erstrecken sich sowohl auf die quantitativen wie qualitativen Merkmale des touristischen Angebots. Parallel hierzu sind Quantität und Struktur der derzeitigen touristischen Nachfrage zu ermitteln. Ferner sind die Leittrends in der touristischen Nachfrage als Hintergrund für die Ableitung potentieller Zielgruppen zu identifizieren.

Bei der <u>Bestandsaufnahme</u> des touristischen Angebots wie bei dessen Bewertung im Rahmen einer STÄRKEN/-SCHWÄCHEN-Analyse wurde folgende Vorgehensweise verabredet:

- Wenn man das touristische Angebot einer Gemeinde erfassen und bewerten soll, macht es Sinn, dieses in einzelne Kompartimente (Komponenten) zu unterteilen. Die nachstehende kleine Grafik gibt - Verfeinerungen der Komponenten sind von Fall zu Fall vorzunehmen - die wesentlichen Angebotselemente, auf die der Tourist anspricht, wieder.

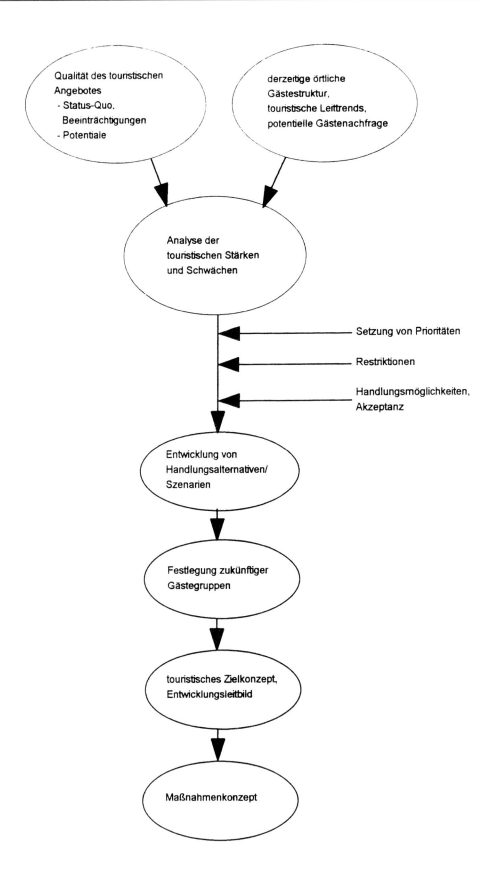

Abb. 8: Arbeitsschema Fremdenverkehrsplanung

Ein unverwechselbares Produkt „Urlaub in Deutschland"

Abb. 9: Komponenten des touristischen Angebots (aus ROMEISS-STRACKE, 1989)

- die anzustrebende Strategie eines "ausbalancierten" Wachstums des Fremdenverkehrs macht es notwendig, die Angebotskomponenten im Zusammenhang zu sehen und zu entwickeln.
  Es nutzt - was die touristische Nachfrage betrifft - nur wenig, wenn einseitig einzelne Komponenten optimiert, andere dahingegen vernachlässigt werden. Die Zeiten sind vorbei, wo z.B. ein Raubbau an der Landschaft durch ein Mehr an Infrastruktur kompensiert werden konnte. Auch unter den anderen Angebotskomponenten gibt es kaum noch substitutive Beziehungen.

- innerhalb der einzelnen Angebotskomponenten muß die jeweilige "Gesamtsituation" bei der Ermittlung von Stärken und Schwächen in den Vordergrund der Bewertung treten.
  Sicher spielen für die Touristen einzelne landschaftliche, infrastrukturelle, bauliche "Highlights" eines Ortes eine Rolle. Immer bedeutsamer ist jedoch die Gesamtsituation in der sich das Wohn-, das Infrastruktur-, das Landschaftsangebot usw. befindet. Diese Entwicklung ist mit dem Begriff des "Denkens in Situation" und bereits in der Literatur beschrieben worden (ROMEISS-STRACKE, 1989).

Die Bewertung des Angebots kann nur zielgruppenorientiert erfolgen. Das kann zunächst einmal im Hinblick auf die vorhandenen Zielgruppen getan werden. Um den über die künftige Ausrichtung des Fremdenverkehrs politisch Entscheidenden mehr an die Hand zu geben als eine Anleitung, wie sie das "Bewährte" in der Zukunft fortsetzen können, sollte die Stärke-Schwächeanalyse aber einen Schritt weitergehen. Die vorhandenen Angebotssituationen sollten - vor dem Hintergrund absehbarer Entwicklungen im Nachfragebereich (Lebens- und Freizeitstilgruppen u.a.) - in Beziehung gesetzt werden zu den Anforderungen, die andere potentiell erreichbare Zielgruppen stellen. In Form von Szenarien können die ökonomischen, sozialen und ökologischen Konsequenzen beschrieben werden, wenn entsprechende neue Zielgruppen mit dem Angebot erreicht werden sollen.

Die Ergebnisse der Szenarien bilden die Grundlage für die dann anstehende <u>Leitbilddiskussion</u> und das touristische Zielkonzept. Die Diskussion um die Frage *"welche Entwicklung in Quantität wie in Qualität wollen wir?"* ist mit besonderer Intensität zu führen. Viele Probleme in den Fremdenverkehrsgemeinden haben ihre Ursache nämlich nicht in den fehlenden Instrumenten, sondern in fehlenden Zielvorgaben. Hierbei muß mehr herauskommen als eine allgemein gehaltene Programmatik. Es muß sachlich differenziert festgelegt werden, was wachsen soll und was nicht und das muß auch im Nachhinein nachprüfbar sein. Die verfolgten Ziele müssen im Verlauf der Umsetzung der Fremdenverkehrsplanung so konkret formuliert werden, daß der Grad der Zielerreichung daran gemessen werden kann.

Aus der Gegenüberstellung von Stärken- und Schwächenprofil und den verfolgten touristischen Zielvorstellungen ist ein Maßnahmenprogramm abzuleiten, das räumliche, sachliche und finanzielle Prioritäten setzt. Wichtig ist es auch, der Kommune deutlich zu machen, an welchen Stellen sie mit den ihr eigenen Instrumenten zur Realisierung der Maßnahmen aktiv werden kann bzw. wie sie andere touristisch relevante Akteure (vgl. Kap. 2) zu entsprechendem Handeln motivieren kann.

5.2 Vorgehen und Verfahren in den drei Modellgemeinden

Der beschriebene Arbeitsansatz wurde in den drei Modellplanungen angewandt. Die Besonderheiten der einzelnen Vorgehensweisen werden auf den folgenden Seiten zusammengefaßt.

5.2.1 Gemeinde Bad Zwischenahn

<u>Organisation der Bearbeitung</u>

In Bad Zwischenahn wurde die "begleitende Arbeitsgemeinschaft Fremdenverkehrsplanung" in Abstimmung mit den Planern über die Gemeindeverwaltung besetzt. Die folgenden Institutionen, Vereine und Verbände waren in der AG Bad Zwischenahn vertreten:

- Gemeindeverwaltung (Gemeindedirektor, Vertreter des Bauamtes)

- Vertreter aller Fraktionen (CDU, SPD, FDP und DIE GRÜNEN)

- Vertreter des Ammerländer Landvolk-Verbandes e.V. (als Vertreter der Zwischenahner Landwirtschaft)

-   Vertreter des örtlichen Gewerbe- und Handelsvereins

-   Vertreter des örtlichen Gaststätten- und Beherbergungsverbandes

-   Vertreter des örtlichen Fremdenverkehrsvereins

-   Vertreter des örtlichen Vereins für Heimatpflege e.V.

-   Vertreter der evangelischen Kirche, gleichzeitig Kurseelsorge

-   Vertreter der Oldenburgischen Industrie- und Handelskammer

-   Vertreter der Kurbetriebsgesellschaft Bad Zwischenahn mbH (Kurdirektor, Marketingchef, Geschäftsführerin)

-   Mitarbeiter des Planungsbüros Nord-West-Plan (Flächennutzungsplanung)

-   Mitarbeiter der Universität Hannover, Inst. f. Landschaftspflege und Naturschutz (Fremdenverkehrsplanung)

-   Mitarbeiter Büro Wirz (Landschaftsplanung)

Da der Tourismus in Bad Zwischenahn eine bedeutende wirtschaftliche Dimension hat und das Interesse an einer Beteiligung in der AG bei den Institutionen hoch war, konnte die AG durch kompetente Gesprächspartner besetzt werden.

Eine Beteiligung der Öffentlichkeit über die Parteien, Institutionen und Verbände hinaus gelang nicht, da sich in Bad Zwischenahn keine Bürgerinitiative mit touristischer Zielsetzung gebildet hatte. Dies ist, angesichts der häufig geäußerten Kritik am hohen Besucherdruck in der Gemeinde, verwunderlich und für den Planungsprozeß zu bedauern. Es wäre interessant gewesen, das bei Gesprächen im Ort spürbare Mißfallen[6] über die touristische Entwicklung des Ortes "mit am Tisch" zu haben.

Doch zurück zu Organisation und Arbeitsweise in der "AG-Fremdenverkehrsplanung": Der Gemeindedirektor übernahm die Moderation der AG-Sitzungen. Zu den AG-Sitzungen wurde jeweils durch die Gemeinde eingeladen. Sicher hat auch dieser "offizielle Charakter" der Veranstaltungen dazu beigetragen, daß die Beteiligung der Mitglieder an den Sitzungen kontinuierlich erfolgte. Die AG wurde als Form einer Beteiligung der betroffenen und interessierten Verbände, Institutionen und Gruppierungen von den Mitgliedern "ernstgenommen".

Eine erste gemeinsame Zusammenkunft beider AG's diente der Vorstellung sowohl des Projektes als auch der AG-Mitglieder und einem ersten Austausch über Organisation und Inhalte der Bearbeitung.

---

[6]   Häufig gehörte Aussage (sinngemäß): "Am Wochenende gehe ich nicht in den Ort: Staus und Vollheit sind mir unangenehm".

Anschließend an diese Sitzung begann die Bestandsaufnahme, bei der mit den AG-Mitgliedern jeweils Einzelgespräche geführt wurden, um deren Kenntnisstand, Problemsicht und Anforderungen in die Planung einzubinden. In einem 2- bis 3 monatigen Turnus fanden die weiteren AG-Sitzungen statt (vgl. Kap. 4 und 5).

Die Arbeit der AG war projektbegleitend. Die Zusammenkünfte wurden durch ausführliche Tischvorlagen vorbereitet, in denen die Planer jeweils die (Zwischen)Ergebnisse ihrer Arbeit präsentierten und zur Diskussion stellten. Abschließend wurde auf den Sitzungen jeweils das Arbeitsprogramm bis zum nächsten Termin verabredet.

In der Arbeitsphase "Analyse/Bestandsaufnahme" wurde die Zusammenarbeit besonders intensiv betrieben. Nach einem Austausch über die touristischen Positionen und Leitbilder der einzelnen Arbeitsgemeinschaftsmitglieder wurde intensiv über die Bewertung der touristischen Qualitäten der Gemeinde vor dem Hintergrund der Konkurrenzsituation, der Gästenachfrage und der denkbaren Zielgruppen nachgedacht. Ein Rückschluß von vorhandenem, allgemeinem Material (Nachfrageanalyse, Statistiken) auf Bundes- bzw. Landesebene[7] wurde von einer Mehrheit in der Arbeitsgruppe für die Grundlagenermittlung für nicht ausreichend erachtet. So wurde verabredet, die Analyse der Gästenachfrage auf das Fundament einer repräsentativen Gästebefragung zu stellen[8]. Die Ergebnisse der Befragung brachten für den Gutachter zwar keine überraschenden Erkenntnisse. Sie erwiesen sich jedoch als ausgesprochen hilfreich, um mit dem Hinweis auf die empirischen Befunde Akzeptanz für bestimmte Maßnahmen zu schaffen. So wurden beispielsweise bestimmte Gästepräferenzen (Nachfrage nach Erholung in Kontakt mit Natur, Erleben der vielen Autos als Belastung) sehr deutlich.

Arbeitsinhalt

Die touristische Bestandsaufnahme umfaßte die Bereiche Infrastruktur, Ortsbild und Qualität der Erholungslandschaft. Die Angebote wurden in einer Karte im Maßstab 1 : 10.000 für das Gemeindegebiet (für das Ortszentrum im Maßstab 1 : 5.000) dargestellt. Die Bestandsaufnahme wurde ergänzt durch eine aus der Literatur abgeleitete Beschreibung relevanter Trends in der touristischen Nachfrage, einem Abriß der wirtschaftlichen Situation und der ökonomischen Bedeutung des Fremdenverkehrs für die Gemeinde.

Die Analyse belegte die Stärken Bad Zwischenahns für Kur- und Erholungsgäste, insbesondere auch für die Naherholung (erfolgreiche Kombination der landschaftlichen Eignung - Spazierengehen, Radfahren und "Wasserkontakt" - mit Infrastruktur - "lebendiger Ort", Gastronomie/Beherbergung). Im Bereich der infrastrukturellen Angebote wurden nur wenige Schwachpunkte ermittelt (u.a. fehlende Schlechtwetterangebote für nicht-kurende Gäste, lückenhaftes, z.T. fehlerhaftes Informationsmaterial der Kurverwaltung).

---

[7] Reiseanalyse des Studienkreises für Tourismus, Veröffentlichungen des Deutschen Fremdenverkehrsverbandes und des Deutschen Heilbäderverbandes, Landesstatistik, Geschäftsberichte von Fremdenverkehrsverbänden u.a.

[8] Die Gemeinde Bad Zwischenahn beauftragte die Gutachter zusätzlich zur Fremdenverkehrsplanung mit der Durchführung und Auswertung einer Gästebefragung (Behrens-Egge u.a. 1991)

Gravierend sind dagegen folgende Mängel in

- der innerörtlichen Erholungsqualität

    (Belastungen der Möglichkeiten zum Aufenthalt, Flanieren; solche Beeinträchtigungen des Ortsbildes durch motorisierten Individualverkehr) und

- der landschaftlichen Erholungsqualität

    (Belastungen der Wasserqualität des Zwischenahner Meeres - Gefahr von Badeverboten/Image-Probleme -, Entwertung der Erholungslandschaft, z.T. durch Intensivierung der Flächennutzung (Baumschulen), z.T. durch Brachfallen; Belastungen durch Bebauung/Zerschneidungseffekte).

Vor der Festlegung einer touristischen Zielkonzeption wurde das Spektrum denkbarer Handlungsmöglichkeiten und die jeweils absehbaren Konsequenzen für die Gemeinde in der AG-Fremdenverkehrsplanung diskutiert. Dabei stellte sich zunächst grundsätzlich die Frage nach den Steuerungsmöglichkeiten der bisher eher "selbst-laufenden" Angebotspolitik (Wachstum in *allen* touristischen Angebotsbereichen), verbunden mit den Risiken von Über-füllungen und Qualitätsverlusten. AG und Planer kamen überein, daß die Fremdenverkehrsplanung das Ziel verfolgen solle, die begrenzten touristischen Kapazitäten der Gemeinde konzentrierter zu nutzen, d.h. gezielt die Angebote, die mit vergleichsweise wenig negativen Effekten verbunden sind, zu entwickeln und die bestehenden Belastungen durch Neuordnungen (Sanierungsmaßnahmen) zu reduzieren.

Die Klärung des zukünftigen Stellenwertes des Kurangebotes in Bad Zwischenahn stand beim Prozeß der Zielfin-dung im Mittelpunkt. Der Status "Heilbad" ist an Mindestkriterien (vor allem bei der Luftqualität) gebunden. Anhaltendes quantitatives Wachstum, insbesondere im Bereich des verkehrs-intensiven Ausflugstourismus, und eine Entwicklung des Kurbetriebes bewegen sich daher in Bad Zwischenahn auf Kollisionskurs.

Die wesentlichen Positionen des touristischen Zielkonzeptes entstanden auf einer Sitzung der AG-Fremden-verkehrsplanung. Die Planer haben an dieser Stelle nur beraten, aber keine Ziel-Vorgaben gemacht. Die AG-Mitglieder kommen überein, der Entwicklung des Heilbades und des übernachtenden Fremdenverkehrs in Bad Zwischenahn Priorität einzuräumen. Als wichtiges Ziel wurde die Sicherung und Entwicklung der Erholungsland-schaft und des Ortsbildes aufgenommen. Der Naherholungstourismus, der z.Z. in Bad Zwischenahn mit Bela-stungswirkungen verbunden ist, soll mit dem Ziel einer Minimierung dieser Belastungswirkungen neugeordnet werden. Im Zuge der in der Gemeinde anstehenden verkehrsplanerischen Umstrukturierung soll die, vor allem auf die Tagesgäste hin zugeschnittenen, Erschließung des Ortes umgestaltet werden.

Diese Ziele und Vorstellungen wurden durch die Planer in Form eines den Hauptzielen zugeordneten "Ziel- und Maßnahmenkonzeptes" konkretisiert. Dieses Entwicklungskonzept wurde in einer Sitzung mit der Gemeinde- und Kurverwaltung (gemeinsam mit dem Zielkonzept der Landschaftsplaner) überarbeitet und danach mit der AG Fremdenverkehrsplanung - auf einer gemeinsamen Sitzung mit der AG Landschaftsplanung - mit den landschaftsplanerischen Zielen abgestimmt (vgl. Abb. 10).

Die Ziele sowie erste Maßnahmen wurden für den Bereich des Ortszentrums in einer Skizze (Maßstab 1 : 5.000) veranschaulicht. Die übrigen Ziele und Maßnahmen wurden, soweit sie bestimmten Flächen zugeordnet werden konnten, in einer Karte im Maßstab 1 : 25.000 für das gesamte Gemeindegebiet dargestellt. Diese Karte konnte mit der landschaftsplanerischen Zielkarte in gleichem Maßstab verglichen werden, zusammen passende und divergierende Zielaussagen der beiden Planungen wurden so leicht erkennbar. Die Inhalte der beiden touristischen Zielkarten werden durch die beigelegten Legenden (Abb. 11 und 12) dokumentiert.

Ein gewichtiger Teil der Ziele und Maßnahmen der Fremdenverkehrsplanung hat keinen (oder nur einen sehr allgemeinen) Flächenbezug. Diese Inhalte ließen sich nicht kartographisch darstellen, sie wurden im Text des zusammenfassenden Ziel- und Maßnahmenkonzeptes beschrieben (z.B. Schaffung von Schlechtwetterangeboten, Verbesserung des Informationsangebotes der Kurverwaltung, Vermarktung der örtlich erzeugten landwirtschaftlichen Produkte in Gastronomie und Handel).

Ziel- und Maßnahmenkonzept wurden - gemeinsam mit dem Vorentwurf des Landschaftsplanes - im Rat der Gemeinde vorgestellt und - in einer 2. Sitzung - ohne Gegenstimme als "Fremdenverkehrsplan der Gemeinde" beschlossen. Dieses Verfahren bringt zum Ausdruck, daß Rat und Verwaltung mit dem Fremdenverkehrsplan die Vorgaben für ihre künftige Tourismuspolitik festgelegt haben: Rat und Verwaltung binden sich, ähnlich wie beim Flächennutzungs- und beim Landschaftsplan, durch die verabredeten Planungsinhalte selbst.

Der Verlauf des Abstimmungsprozesses im Rat unterstützte die These einer Verbesserung der Akzeptanz der Planungsaussagen durch die AG-Arbeit. Die von der Fremdenverkehrsplanung überzeugten AG-Mitglieder gaben in der entscheidenden Sitzung den Ausschlag für das positive Votum des Rates[9]. Nach der Ratsentscheidung wurde der Fremdenverkehrsplan - gemeinsam mit dem Landschaftsplan - auf vier Bürgerversammlungen in den Ortsteilen vorgestellt. Darauf wird - nach Fertigstellung des hier vorgelegten Textes - die Beteiligung der Träger öffentlicher Belange und eine Information der Öffentlichkeit (durch öffentliche Auslegung sowie eine Präsentation/Presseinformation) folgen.

Die Abbildung 10 veranschaulicht den beschriebenen Prozeß der inhaltlichen Vorgehensweise, der Verankerung der Planungsinhalte über die Arbeit in der AG und die Zusammenarbeit mit der Verwaltung.

---

[9]   Ohne dieses Engagement hätte der Rat die politisch brisante Entscheidung über die Festlegung eines Tourismuskonzeptes wahrscheinlich in den kommunalen Wahlkampf hinein verzögert, die neuen Mehrheiten hätten den Entscheidungsprozeß verlangsamen oder ganz kippen können.

Arbeitsschritte der Fremdenverkehrsplanung

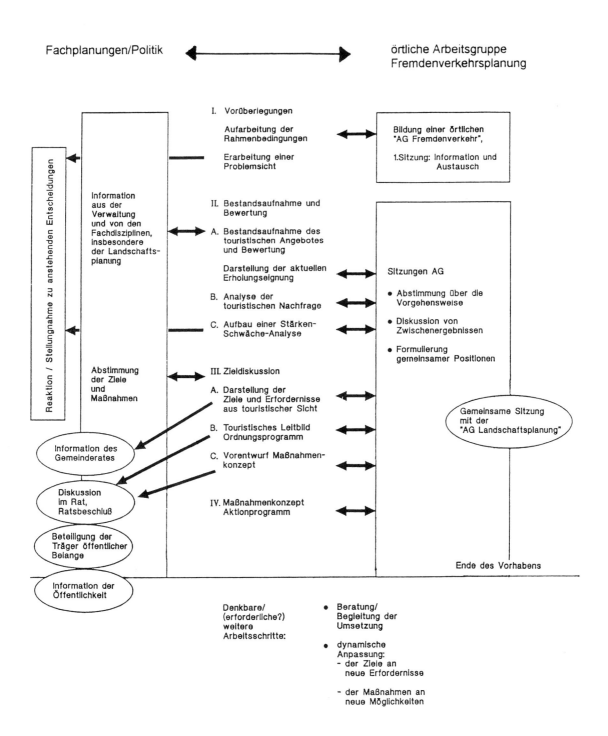

Abb. 10:   Arbeitsschritte der Fremdenverkehrsplanung Bad Zwischenahn

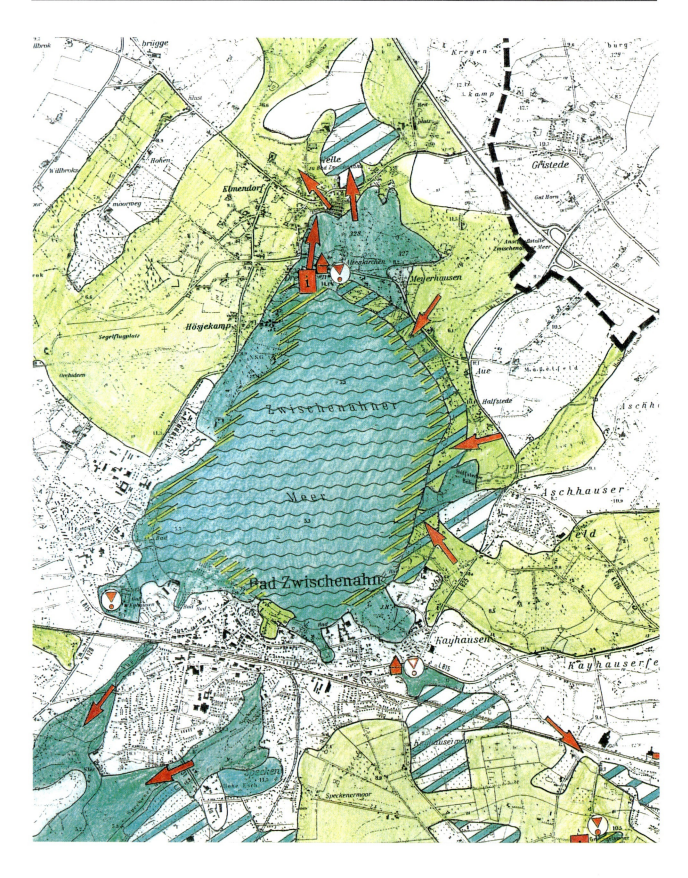

Abb. 11:   Touristische Ziel- und Maßnahmenplanung Bad Zwischenahn (Ausschnitt)

Touristische Ziel- und Maßnahmenplanung Bad Zwischenahn
(für die Bereiche außerhalb des Kernortes)

 Vorrangige Sicherung von Erholungslandschaft

insbesondere Sicherung der Flächennutzung, Sicherung der gliedernden Landschaftselemente (Feldgehölze, Gewässer, Säume bzw. Ufer) und der naturnahen Flächen, Sicherung störungsfreier Erholungsmöglichkeiten

 Sicherung von Erholungslandschaft

 Sicherung wertvoller Landschaftsteile vor Zerstörung

 Sicherung/Entwicklung einer ausreichenden Wasserqualität (Badegüte)

 Vorrangige Entwicklung von Erholungslandschaft

Entwicklung eines vielfältigen, gegliederten Landschaftsbildes durch Anlage von Gehölzpflanzungen, Extensivierung von Nutzungen, Renaturierung von Flächen

 Angestrebte Entwicklung von Erholungslandschaft

 Sicherung des Charakters der Fehnsiedlung

 Touristische Erschließung von Landschaft
Anlage von Wegen

 Sicherung bestehender touristischer Attraktionspunkte

Sicherung der Nutzungsart und - intensität, Sicherung störungsfreier Erholungsmöglichkeiten

 Entwicklung touristischer Attraktions-/ Zielpunkte

Erschließung , Vermittlung von Besonderheiten; evtl. Aufbau von Informationseinrichtungen

 Aufbau von Informationseinrichtungen
z.B. Schau- und Erläuterungstafeln

 Erhaltung und Entwicklung gefährdeter attraktiver Bausubstanz

Zur Ziel-/Maßnahmenskizze "Verbesserung der innerörtlichen Erholungsqualität"

Allgemeine (für das Ortszentrum flächendeckende) Ziele/ Maßnahmen:

- Erhaltung bestehender Qualitäten

- Entwicklung eines geschlossenen, touristisch attraktiven Ortszentrums (in Stil, Atmosphäre, Fassaden, Freiraumqualität, Identität)

- Neuordnung des Verkehrskonzeptes (Ziele und Maßnahmen des "Verkehrsneuordnungskonzeptes" werden aus touristischer Sicht befürwortet):

- Verkehrsberuhigung im Verlauf der bisherigen Hauptverkehrsstraßen (Durchgangsstraße, Georgstraße, Mühlenstraße, Reihdamm),

- Neuordnung des Parkplatzkonzeptes, Verlegung der Parkierungsflächen in den Bereich südlich der bisherigen Ortsdurchgangsstraße

Ziele/Maßnahmen im Verlauf der bisherigen Hauptverkehrsstraßen (Durchgangsstraße, Georgstraße, Mühlenstraße, Reihdamm):

- Strukturierung des Straßenraumes, Aufwertung der Freiraumsituation, Pflanzen von Bäumen

Ziele/Maßnahmen im Verlauf der bisherigen Ortsdurchgangsstraße:

- Rückbau und Umgestaltung des Straßenkörpers

- Verbreiterung der Fußwege

- Entwicklung eines einheitlichen Fassadenablaufes

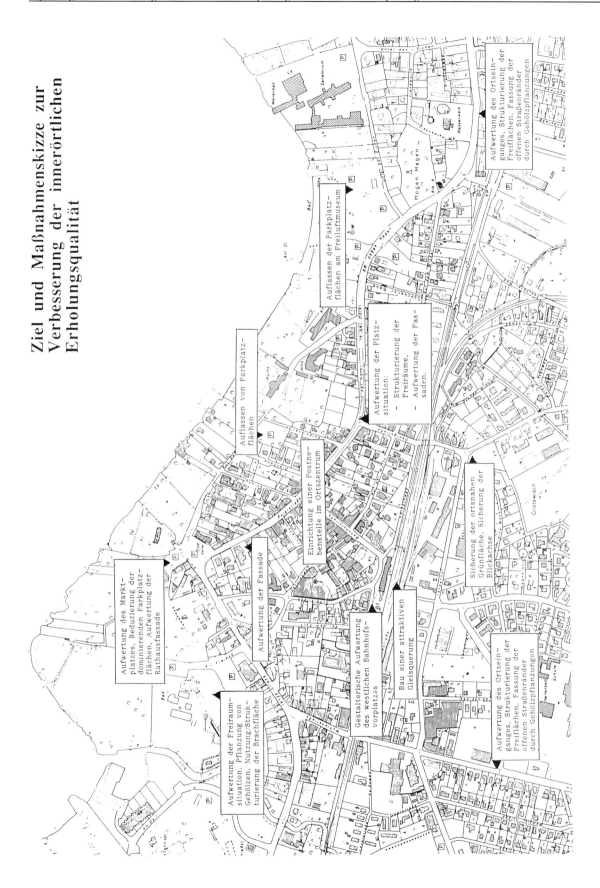

Abb. 12:   Ziel- und Maßnahmenskizze zur Verbesserung der innerörtlichen Erholungsqualität (Ausschnitt)

Der Fremdenverkehrsplan Bad Zwischenahn trägt die Züge einer <u>Entwicklungskonzeption</u>, er beinhaltet kein umfassend ausdifferenziertes Maßnahmenprogramm. Diese Schwerpunktsetzung ist sicher nicht auf andere Planungssituationen übertragbar, sie entsprach einem Hauptanliegen der Gemeinde. Die Verwaltung nutzte die Fremdenverkehrsplanung dazu, die unterschiedlichen touristischen Interessen "an einen Tisch" zu bringen und deren Handeln - mehr, als dies bisher der Fall war - auf ein gemeinsames, den Gesamtinteressen der Gemeinde verpflichtetes Arbeiten hin auszurichten. Die Planungsbedingungen (neuer Kurdirektor, Neuorganisation der touristischen Arbeit in einer Fremdenverkehrs GmbH, neuer Flächennutzungs- und Landschaftsplan, verkehrsplanerische Neuordnung des Ortszentrums) in der touristisch "offenen" Situation (kaum inhaltliche Zielvorgaben) verlangten vor allem nach Weichenstellungen, nach der Formulierung von Zielen und der Erarbeitung eines Leitbildes. Schnell war erkennbar, daß eine detaillierte Abstimmung der zugehörigen Maßnahmen diesen Prozeß konterkariert hätte. Dies wurde exemplarisch deutlich, als die Planer ihre Zielaussage "touristische Erschließung von Landschaft" durch ein konkretes "Wege- und Erschließungskonzept" (im Maßstab 1 : 25.000) verdeutlichen wollten. Die Diskussion des Fremdenverkehrsplanes im Rat drohte an der Frage der Trassierung einzelner Wegeabschnitte steckenzubleiben. Um das gemeinsame Zielkonzept nicht zu gefährden, wurde daher darauf verzichtet, dem Konzept ein detailliertes Maßnahmenkonzept zur Seite zu stellen. So bleiben Ausgestaltung und Umsetzung des Leitbildes auf ausdrücklichen Wunsch der Verwaltung der weiteren tourismuspolitischen Arbeit in Bad Zwischenahn vorbehalten.

Aus diesem Grund ist eine abschließende Wertung der Arbeitsergebnisse - gemessen an den Zielen des E+E-Vorhabens - nur ansatzweise möglich. Die Arbeit in der AG hat die Teilnehmer gegenüber dem Zusammenhang von Umwelt-/Landschaftsqualität und touristischer Erholungsqualität sensibilisieren können. Rein quantitative Wachstumsziele werden in Bad Zwischenahn nach dieser Vorarbeit wahrscheinlich nicht mehr die fremdenverkehrspolitischen Maßnahmen dominieren können.

Das erarbeitete Zielkonzept beinhaltet wesentliche Aussagen einer umweltschonenden Tourismuspolitik, u.a.
- Sicherung und Entwicklung der Landschaft,
- Darstellung von Grenzen einer touristischen Nutzung,
- Reduzierung des innerörtlichen Kfz-Verkehrs,
- Zusammenbringen von Landwirtschaft und touristischem Angebot.

Da der Fremdenverkehrsplan als Zielkonzept beschlossen wurde, sind (theoretisch) die politischen Weichen gestellt. Offen bleibt jedoch zu diesem Zeitpunkt der Wirkungsgrad des Zielkonzeptes, die Art und Weise der Ausgestaltung durch Maßnahmen.

5.2.2   Gemeinde Baiersbronn

Organisation der Bearbeitung

Auch in Baiersbronn wurde die AG-Fremdenverkehrsplanung durch die Verwaltung besetzt. Dem Wunsch, niemanden zu übergehen, wurde durch ein zweibahniges Vorgehen entsprochen. In einer "Formellen AG" waren alle Institutionen eingebunden und in einer ersten Informationsveranstaltung beteiligt. Die eigentliche Zusammenarbeit wurde in einem weitaus kleineren "Arbeitskreis" geleistet, zu dem in Baiersbronn die folgenden Institutionen beteiligt bzw. die folgenden Personen vertreten waren:

- Bürgermeister
- Erster Beigeordneter der Gemeindeverwaltung
- Kurdirektor
- Gemeinderat, Architekt
- Gemeinderat, Kurverbund und Landwirtschaft
- Gemeinderat
- Pfarrer, Baiersbronn
- Regionalverbände
- Landwirtschaftsamt
- Forstdirektor, Forstverwaltung und Landschaftspflege
- Vertreter von Gastronomie, Hotellerie aus unterschiedlichen Ortsteilen
- Kur- und Kneippverein, Schönmünzach
- DeHoGa
- Bürgermeistergemeinschaft Baiersbronn
- Handels- und Gewerbeverein
- Schwarzwaldverein

In dem "Arbeitskreis Fremdenverkehrsplanung" konnten die relevanten touristischen Akteure der Gemeinde eingebunden werden. Allerdings war die Teilnahme im Verlauf der Arbeit nicht immer kontinuierlich. Organisation und Einladung zu den AK-Sitzungen lagen bei der Gemeindeverwaltung. Die Sitzungsleitung jedoch übernahmen die Gutachter. Der Arbeiskreis kam - ähnlich wie in Bad Zwischenahn - in einem rd. zwei- bis dreimonatigen Turnus zusammen. Anders als in Bad Zwischenahn wurden nicht fertiggestellte Zwischenergebnisse anhand von vorab versandten Materialien durchgesprochen, sondern es wurde der Versuch unternommen, im Rahmen der Arbeitskreissitzungen Inhalte zu erarbeiten.

Es bildete sich zwar eine "Ideengruppe" (ohne Planer), die aus dem Ort heraus eigene Impulse geben wollte. Leider blieb deren Arbeit auf eine einmalige Leistung, die Verfassung eines "Ideenpapieres" beschränkt. Die Erfahrungen in Baiersbronn zeigen, daß es schwierig ist, aus einer AG heraus Initiativen zu entwickeln.

Die AG Arbeit war nicht nur in ihrer Teilnahme, sondern auch in der inhaltlichen Diskussion und Arbeitsatmosphäre wechselhaft[10]. Warum es in Baiersbronn nicht gelang, die AG kontinuierlich für die Zusammenarbeit zu begeistern, ist nicht eindeutig zu bestimmen. Festzuhalten ist, das sich Gemeinde und Verwaltung nicht in dem Maße wie in Bad Zwischenahn für die Sache engagierten. Dennoch gelang es auch in Baiersbronn, die AG als Informations- und Diskussionsforum zu nutzen. Bewertungen und Zielaussagen wurden in der AG abgestimmt. Als ein Beispiel für die Chronologie einer AG-Arbeit sind die Inhalte der Arbeiten an der AG-Fremdenverkehr Baiersbronn im Anhang aufgelistet.

Darüber hinaus wurden bei den Verwaltungen in den einzelnen Ortsteilen Baiersbronn mittels eines Fragebogens die wesentlichen, wirtschaftlichen und touristischen Strukturdaten abgefragt. Die Ergebnisse dieses Fragebogens bildeten den Ausgangspunkt der Bestandsaufnahme in den Bereichen Wirtschafts- und Beschäftigungsstruktur, touristische Kennziffern, touristische Infrastruktur.

U.a. wurde aus diesen Kennziffern die wirtschaftliche Bedeutung des Fremdenverkehrs in Baiersbronn abgeleitet[11]. Nachfrageanalyse und auch die Bewertung des Marketings wurden auf eine Gästebefragung (im Ort verteilte Fragebögen und Versendung von Fragebögen an Prospektanfrager) sowie auf eine Auswertung der Reiseanalyse des Studienkreises für Tourismus (einer der Bearbeiter ist Mitarbeiter des Studienkreises und konnte so den Informationspool des Institutes nutzen) abgestellt.

Arbeitsinhalt

Die Analyse der vorliegenden Marketingaktivitäten zeigte vor allem, daß die vorhandenen Werbematerialien stark verbesserungsbedürftig erscheinen (uneinheitliche Darstellung, verschiedene Schrifttypen, Verwendung unterschiedlicher Fotos nebeneinander).

In den Gästebefragungen wurden nicht nur soziodemographische Daten und Erfassung der Motivation eines Aufenthaltes in Baiersbronn, des Gästeverhaltens und der Bewertungen von Angeboten durch die Gäste erfragt. Mit den Fragebögen wurden auch Maßnahmenvorschläge vorgelegt und die Gäste um die Nennung von Prioritäten

---

[10]   Die Stimmung schwankte zwischen einer konstruktiven Zusammenarbeit und einem fatalistischen "Das nützt ja alles doch nichts, mit dieser Arbeit bekommen wir die Probleme Baiersbronns nicht in den Griff".

[11]   Touristischer Beitrag zum Einkommen in Baiersbronn rd. 15 %, rd. 1.500 Arbeitsplätze durch Tourismus in der Gemeinde induziert.

gebeten (differenziert in Maßnahmen im Hauptort, in den Teilorten und in der freien Landschaft). Die Einschätzungen der Gäste belegen den Stellenwert eines Teiles der im Fremdenverkehrsplan vorgeschlagenen Maßnahmen.

Quantität und Qualität des touristischen Angebotes werden im Fremdenverkehrsplan gestrafft zusammengefaßt und bilden die Basis einer vertiefenden Darstellung der Stärken und Schwächen Baiersbronns in den wichtigen touristischen Angebotsbereichen (vgl. untenstehende Übersicht über den Arbeitsablauf).

Zusammenfassend wird das touristische Angebot in Baiersbronn als quantitativ ausreichend und auf qualitativ hohen Standard eingeschätzt. Zu verbessernde Details werden benannt. Als eine der größten "Schwäche" Baiersbronns wird die enorme Verkehrsbelastung angesehen (Belastung der besonderen Qualitäten "gute Luft" und "Ruhe", Beeinträchtigung des Ortsbildes durch große, asphaltierte Parkplätze). Als besondere Stärke der Gemeinde wird die Erholungslandschaft hervorgehoben (gute Luft, Ruhe, Wandermöglichkeiten). Allerdings ist das Problem der "Offenhaltung der Landschaft", d.h. des Freihaltens der Talwiesen von Aufforstung bzw. Bewaldung, ungelöst. Ertragsschwache Böden und extreme Lagen erschweren eine angemessene landwirtschaftliche Nutzung. Das führt zu einem touristisch wie landschaftsplanerisch unerwünschten Effekt, der Bewaldung der knappen Talflächen.

Dieser Thematik wurde eine gemeinsame Sitzung der AG Fremdenverkehr und Landschaftsplan gewidmet. Auf dieser Sitzung wurde u.a. nach Möglichkeiten einer Vermarktung der landwirtschaftlichen Produkte in Gaststätten und Handel Baiersbronns gesucht, um so die Landwirte über erhöhte Einkommenschancen zur Flächennutzung/-pflege zu motivieren und ihr Interesse am Tourismus zu fördern. Dieser Versuch ist richtungsweisend, aber in Baiersbronn zunächst mißglückt. Das örtliche Gastgewerbe sieht zu geringe Absatzchancen für örtliche Produkte. Möglicherweise kann die Idee der touristisch motivierten Direktvermarktung zu einem späteren Zeitpunkt doch noch etwas bewegen, positive Ergebnisse aus anderen Gemeinden bestehen (z.B. Hindelang).

Im Fremdenverkehrsplan erfolgt keine eigenständige (touristische) Bewertung der Landschaft, es wird auf die Aussagen des Landschaftsplanes verwiesen, ohne diese im einzelnen zu benennen. Der Fremdenverkehrsplan begnügt sich mit der Aussage, die Landschaft Baiersbronns sei von hoher Bedeutung für die Gäste. Die auf die Erholungslandschaft bezogenen Gästeerwartungen und ebenso die erholungsrelevanten Belastungen der Landschaft werden benannt.

Ein Arbeitsschwerpunkt im Fremdenverkehrsplan bildet die Bewertung der Grünlandbereiche Baiersbronns, für die Aufforstungen vorgesehen sind, aus touristischer Sicht (in vier Stufen von "Aufforstung nicht vertretbar" bis "Aufforstung vertretbar").

Eine Arbeitsverteilung zwischen Landschafts- und Fremdenverkehrsplaner - wie in Baiersbronn gewählt - erscheint sinnvoll. Zu begrüßen wäre es allerdings, wenn die wesentlichen Inhalte aus dem jeweils anderen Plan zitiert werden, statt nur einen Hinweis auf die Bearbeitung zu bringen.

Im Anschluß an die analytische Arbeit wurde von den Gutachtern ein Ziel- und Maßnahmenkatalog erarbeitet und in der Arbeitsgruppe diskutiert. Zur Vorbereitung der Diskussion wurden die Maßnahmen aufgelistet. Die AG-Mitglieder sollten durch Ankreuzen die Priorität der Maßnahmen einschätzen. Diese schematische Vorgehensweise wurde im Nachhinein als unglücklich empfunden. Die zu einem anderen Termin geführte grundsätzliche Diskussion über Ziele (z.B. Verkehrs-/Parkplatzkonzept) und damit verbundene Konkretisierung einzelner Maßnahmen (z.B. verkehrsberuhigte Straßen, Bau einer Umgehungsstraße) war fruchtbarer.

Im Fremdenverkehrsplan werden Ziele und Maßnahmen unter den Überschriften Essen und Trinken, Wohnen, Service, Marketing, Infrastruktur, Ortscharakter/Verkehr, Landschaft geordnet.

Dabei wird jeweils die planerische Ausgangssituation angesprochen, die betreffenden Ziele und Lösungsvorschläge genannt, begründet und durch Maßnahmen erläutert.

Der Fremdenverkehrsplan Baiersbronn zielt ab auf die Sicherung der vorhandenen Qualitäten (Benennung landschaftlicher und ortstypischer Besonderheiten, Qualitäten bestimmter Infrastruktureinrichtungen) und auf die Bereinigung erkannter Angebotsdefizite.

Entwicklungsschwerpunkte werden u.a. in den folgenden Bereichen gesehen:

- Aufbau eines gastronomischen Angebotes für Wanderer außerhalb der Siedlungsbereiche

- Verbesserung der Ortswerbung

- Sicherung und Entwicklung besonderer Angebotsprofile in den Teilorten, Sicherung ortstypischer baulicher Situationen, Restauration historischer Häuser

- Ausbau des Angebotes für Familien mit Kindern

- Verkehrsberuhigung, Verbesserung des ÖPNV

- Maßnahmen zur Sicherung und Entwicklung der Erholungslandschaft.

Da besonders der Tourismus von der Pflege und Offenhaltung der Landschaft durch Landwirtschaft profitiert, liegt es nahe, daß sich der Fremdenverkehr (Kurverwaltung und private Betriebe) hier engagierten. Die bäuerliche Pflege der Landschaft darf nicht länger von Seiten des Tourismus als selbstverständlich und kostenlos angesehen werden. Es müssen "Synergieeffekte" genutzt werden, d.h. gemeinsames Handeln zu gegenseitigem Nutzen. Dabei geht es vor allem um die Verbesserung der Absatzchancen der Landwirtschaft zu höheren Preisen und bei guter Produktqualität. Angesprochen ist der örtliche Handel und die Gastronomie.

In die touristische Zielkonzeption aufgenommen wurden landespflegerische Maßnahmen zur Sicherung des bestehenden Nutzungsmosaikes und damit des attraktiven Landschaftsbildes. Diese Aussagen belegen die bestehende Interessenkongruenz von Landschafts- und Fremdenverkehrsplan.

Das Konzept wurde durch den Gemeinderat einstimmig angenommen. Gleichzeitig hat der Bürgermeister deutlich gemacht, daß die Gemeinde den Fremdenverkehrsplan nicht als für seine Gemeinde bindend, sondern als "Ideensammlung" ansieht (Im Gegensatz zu Bad Zwischenahn ist der Fremdenverkehrsplan daher nur "Gutachten").

Damit ist die Wirksamkeit der entwickelten umweltverträglichen Konzeption in der Gemeinde offen. Der Stellenwert der Fremdenverkehrsplanung ist in Baiersbronn formal schwächer als in den beiden anderen Modellgemeinden, in denen die Planungen als kommunalpolitisch bindend festgesetzt wurden. Da eine verbindliche Verankerung der touristischen Ziele aufgrund der defizitären Instrumentarien ohnehin schwer möglich erscheint (s.u.), muß die Vorgehensweise in Baiersbronn bezüglich ihrer politischen Wirkung kein Nachteil sein, letztendlich kommt es in Baiersbronn wie in Bad Zwischenahn und Süsel darauf an, Kommunalpolitiker und touristische Akteure zu überzeugen.

5.2.3   Gemeinde Süsel

<u>Organisation der Bearbeitung</u>

Das Vorgehen der Fremdenverkehrsplaner in der Gemeinde Süsel war stark durch deren Status als "touristische Beginnergemeinde" bestimmt. In Süsel werden nur wenige touristische Einrichtungen betrieben. Die Planer trafen auf eine Situation, die durch ein sehr bescheidenes touristisches Angebot, aber auch fehlende Initiative gekennzeichnet war. In Süsel gibt es nur wenige kompetente Touristikfachleute. Es gestaltete sich daher u.a. schwierig, die AG-Fremdenverkehr mit örtlichen Experten zu besetzen.

Es wurde daher beschlossen, nicht eine eigenständige Arbeitsgemeinschaft Fremdenverkehr zu bilden, sondern die Aspekte Landschaftsplanung und Fremdenverkehr in einer gemeinsamen Arbeitsgemeinschaft zu behandeln. Diese AG war zu Beginn nur aus der Verwaltung besetzt, wurde im Verlauf der Arbeit jedoch erweitert und war dann wie folgt zusammengesetzt:

- Bürgermeister, Leiter des Bauamtes
- je ein Vertreter der Ratsfraktionen
- ein Vertreter des Fremdenverkehrsvereins Süsel
- ein Vertreter der Süseler Umweltschutzinitiative
- ein Vertreter der Gewerbetreibenden
- der Naturschutzbeauftragte der Gemeinde Süsel
- die Vorsitzenden des Bau- und Planungsausschusses, des Umweltausschusses und des Ausschusses für Wirtschaftsförderung und Fremdenverkehr

In Süsel gelang es nicht, eine kontinuierliche AG-Arbeit (gleichbleibender Mitarbeiterkreis) durchzuhalten. Wesentliche, touristisch interessante Interessengruppen fehlten oder nahmen nur sporadisch teil (z.B. Gastgewerbe, Privatmieter, kulturelle Initiativen). Auch der Versuch, die AG bis hin zu einer offenen Bürgerinformationsveranstaltung aufzuweiten, scheiterte. Damit fehlte in Süsel eine der im E+E-Vorhaben als wesentlich angesehenen Voraussetzungen, die örtliche Verankerung und Qualifizierung der Planung über "Schlüsselpersonen".

Ein weiterer Sachverhalt erwies sich in Süsel als problematisch. In der AG hatte die Naturschutzposition - vertreten durch Umweltschutzorganisationen und GRÜNE - starkes Gewicht. Touristische Fragestellungen wurden stets aus der Perspektive des Naturschutzes und sehr restriktiv diskutiert. So waren Überlegungen der AG bezüglich touristischer Entwicklungen vorrangig mit der Frage *"Belastet dies Natur und Landschaft"*? und weniger mit der Frage der touristisch gewünschten Visionen verbunden.

Dies muß zwar - im Sinne eines landschaftsschonenden Tourismus - kein Nachteil sein, führte in Süsel jedoch dazu, daß touristische Initiativen nicht aus der AG heraus entwickelt wurden. Dies erscheint für die Lage einer touristischen Beginnergemeinde nicht untypisch. Dort bestehen selten konkrete touristische Zielvorstellungen, es sei denn, sie sind auf ein konkretes geplantes Projekt bezogen. In Politik und Verwaltung von Süsel war zum Zeitpunkt der Bearbeitung noch ungeklärt, ob und wie stark Süsel überhaupt auf Tourismus setzen solle, oder ob nicht alternativ einer gewerblichen Entwicklung der Vorzug zu geben sei.

Die Diskussion in der AG wurde überschattet von Uneinigkeiten über ein - für Süsel bedeutsames - Einzelvorhaben: den geplanten Bau eines Campingplatzes mit rd. 350 - 500 Stellplätzen in unmittelbarer Nachbarschaft eines Naturschutzgebietes. Dieses - im Laufe der Planung als touristisches Ziel - herausgearbeitete Vorhaben stieß auf starke Ressentiments der Naturschutzgruppen in der AG. Die von der Gemeinde gewählte Vorgehensweise (Erarbeitung einer UVP für den Standort, Formulierung von Auflagen) konnte die Stimmung nicht versachlichen. So gelang es nur ansatzweise, die AG als Ideen- und Informationslieferant zu nutzen, die Diskussion über den Campingplatz hatte eher zum Abbau von Planungsakzeptanz als zu deren Förderung beigetragen (politische Querelen, kritische Pressestimmen).

Zur Stellung der Planer in der Gemeinde ist anzumerken, daß das Büro zeitgleich mit der Flächennutzungsplanung in Süsel beauftragt war. So bestand für die Planer die Möglichkeit, touristische Zielsetzungen gleichzeitig auch in der Flächennutzungsplanung zu verankern. Dies war insbesondere für ein bestimmtes touristisches Ziel sehr hilfreich: Für die Entwicklung eines Fremdenverkehrsschwerpunktes an einer bestimmten Stelle wurde es als erforderlich angesehen, die betreffenden Flächen im Flächennutzungsplan neu zu ordnen. Alte Planungen sahen hier noch eine gewerbliche Nutzung vor. Über die parallele Bearbeitung von F-Plan und Fremdenverkehrsplan war dies problemlos möglich. Auch bei anderen Darstellungen des Flächennutzungsplanes (Ortsentwicklungen) konnten die touristischen Ziele unterstützt werden.

Arbeitsinhalt

Die Fremdenverkehrsplanung Süsel sieht eine vorsichtige touristische Entwicklung vor, die Umwelt- und Sozialverträglichkeit eine hohe Bedeutung beimißt. Ziele und Maßnahmen sind vor allem auf die Entwicklung örtlicher Qualitäten, auf die Erschließung der Landschaft, die Sanierung von Gebäuden ausgelegt. Akzente werden durch die Ausweisung eines neuen Campingplatzes und die Erweiterung der Reitanlage gesetzt (beide Projekte basierten auf privaten Initiativen, die der Fremdenverkehrsplan nur aufnahm).

In der touristischen Bestandsaufnahme wurden die großen Defizite der Gemeinde im touristischen Angebot deutlich. Geringe Bettenkapazitäten, überwiegend niedriger Standard im Gastgewerbe, lückenhaftes infrastrukturelles Angebot (sogar in der örtlichen Versorgung mit Lebensmitteln und Gütern des täglichen Bedarfes) kennzeichnen den Entwicklungsstand.

Zur Verbesserung dieser Situation wird in der Fremdenverkehrsplanung eine Palette möglicher Maßnahmen vorgeschlagen. Diese hat jedoch einen stark "visionären" Charakter. Dabei muß zunächst offen bleiben, wie diese organisatorisch wie finanziell aufwendigen Vorstellungen in Süsel in absehbarer Zeit umgesetzt werden können. Selbst bei Umsetzung eines Teiles der Maßnahmen und Schaffung einer akzeptablen Infrastruktur wird es nur schwer gelingen, einen größeren Gästekreis für Süsel zu interessieren. Im Erläuterungstext der Fremdenverkehrsplanung Süsel wird auf eine Bestandsaufnahme der touristischen Strukturdaten verzichtet. Kennwerte, die die Ausgangsposition der Gemeinde beschreiben könnten (Betten- und Übernachtungszahlen, Betten-Auslastung, Fremdenverkehrsintensität) werden nicht benannt.

Die Hinweise auf die Besonderheiten der Fremdenverkehrsplanung Süsel sollen das Planwerk keinesfalls diskreditieren, sondern als Empfehlungen mit Blick auf die Aufgabenstellung des Abschlußberichtes verstanden werden. Der Fremdenverkehrsplan Süsel greift durchaus interessante Aspekte auf. So wird im Text im Anschluß an die Angebotsanalyse der Urlaubsort Süsel in Preis und Leistung seinen direkten Konkurrenten gegenübergestellt. Dabei wird deutlich, daß die Konkurrenz (Ostseebäder an der Lübecker Bucht und Gemeinden im Naturpark

Holsteinische Schweiz) - bei gleichem Preis - eine hochentwickelte Infrastruktur, umfangreiche Dienstleistungen und ein hochwertiges Gastgewerbe bieten. Damit positioniert sich Süsel zur Zeit als Gemeinde "in der 2. Reihe", hat also vor allem dann seine Chance, wenn die anderen Gemeinden ausgebucht sind. Es müssen, wenn Süsel den touristischen Erfolg will, erhebliche Anstrengungen unternommen werden. Diese Aussage wird durch die Beschreibung des Konkurrenzfeldes gut veranschaulicht.

Als Hilfsmittel zur Verdeutlichung unterschiedlicher Zielvorstellungen wird die szeneriehafte Beschreibung denkbarer Zukunftsbilder eingesetzt. Im Verlauf der Fremdenverkehrsplanung Süsel wurden mögliche Zustände der "Feriengemeinde Süsel" plastisch gemacht, um die Diskussion um die touristischen Ziele und Maßnahmen anzuregen.

Für drei Zukunftsbilder von Süsel
- "Familienurlaub in Ostseenähe"
- "Individuelles Sportlerparadies"
- "Naturerlebnis Süseler Seenplatte"

wurden Zielgruppen, Gästemotivation und die jeweils erforderlichen Maßnahmen beschrieben.

Im Anschluß an die Darstellung der Szenarien werden Zielgruppen der touristischen Konzeption "trendsensible Natururlauber" und "umweltbewußte Sporturlauber" benannt.

Auf eine Darstellung der grundlegenden touristischen Zielvorstellungen folgt die Formulierung eines <u>touristischen Zonierungskonzeptes</u>. Dieses wurde in enger Zusammenarbeit mit den beteiligten Landschaftsplanern in Abstimmung mit den landespflegerischen Zielen erarbeitet.

Es werden dargestellt:

- Schwerpunktzonen   (Erholungsschwerpunkte)

- Aktivzonen   (nicht geschützte, unempfindliche Landschaftsteile mit Eignung für aktive landschaftsbezogene Erholung)

- Ruhezonen   (Nutzungsmöglichkeit für ruhige Erholung, Naturerlebnis)

- Schutzzonen   (besonders empfindliche Landschaftsteile, Nutzungsbeschränkungen)

- Passivzonen   (aus Sicht des Tourismus wie der Landschaftsplanung wenig interessante Räume).

Die Nutzungsvorgaben der Räume tragen den landschaftsplanerischen Zielvorstellungen Rechnung. Es fällt jedoch auf, daß die Neuanlage eines Campingplatzes angrenzend an schutzbedürftige Flächen, (dargestellt als Flächen für den Naturschutz), vorgeschlagen wird (vgl. Abb. 13). Diese Thematik hat in der Gemeinde zwischenzeitlich für erheblichen Zündstoff gesorgt (s.o.). Das Verfahren der AG-Arbeit (in der die Umweltschutzinitiative beteiligt war) konnte nicht zur Klärung der Gegensätze beitragen.

Der Gemeinde, die sich nach spürbaren Erfolgen einer touristischen Entwicklung sehnt, ist das Vorhaben der Campingplätze verständlicherweise wichtig. Hier findet sich eine für touristische Beginnergemeinden typische Planungssituation; touristische Zielvorstellungen werden auf ein gewünschtes Projekt konzentriert, das realisierungsfähig erscheint. In dieser Situation ist es schwer, dieses Projekt in Frage zu stellen, und eine grundsätzliche Zielkonzeption aufzubauen.

Abschließend wurden im Fremdenverkehrsplan Ziele und Maßnahmen, geordnet nach den touristischen Angebotskomponenten (Bezug auf Abb. 13) dargestellt.

Inhalte und Maßnahmen der Fremdenverkehrsplanung werden durch eine Karte für das Gemeindegebiet im Maßstab 1 : 10.000 konkretisiert und verortet. Maßnahmen zur Sicherung und Entwicklung der erholungsrelevanten Umweltqualität sind ebenso dargestellt wie Maßnahmen zur Verbesserung der Infrastruktur. Die Planungsaussagen wurden intensiv mit der Landschaftsplanung abgestimmt und korrespondieren bis auf wenige Ausnahmen mit dem Landschaftsplan.

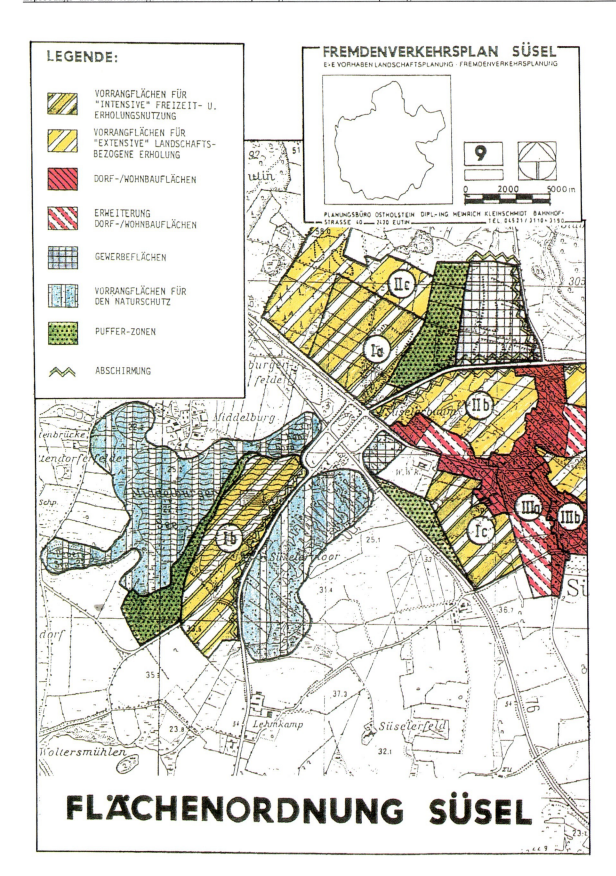

Abb. 13:   Flächenordnung der Fremdenverkehrsplanung Süsel (Ausschnitt)

FREMDENVERKEHRSPLAN SÜSEL

LEGENDE

NATUR UND LANDSCHAFT

Maßnahmen zur Sicherung / Verbesserung der Umweltqualität / der Erholungseignung
Aufforstung / Gehölzpflanzung zur Reduzierung von Beeinträchtigungen
Lärmschutzwall
Sperrung von Wegen für den Schwerlastverkehr

ENTFLECHTUNG

Sicherung und Ausweisung von Schutz- und Regenerationszonen
Bestand von Flächen für Freizeit und Erholungsnutzung
Planung von Flächen für Freizeit und Erholungsnutzung
Flächen für Bauschuttrecycling und Asphaltwerk - Standortsicherung
Freizeitseen - intensive Erholungsnutzung
Keine öffentliche Ausweisung von Badestellen/ Badestellen aufheben
Keine Ausweisung von Wassersportmöglichkeiten
Bolzplatz aufheben /verlagern
Ausweisung von Erholungswald
Ausweisung von "Erholungswiesen" (extensive Nutzung: ruhen, picknicken, spielen, sonnen)
Schaffung und Ausweisung von Naturerlebnisräumen

MAßNAHMEN ZUR LANDSCHAFTSBILDGESTALTUNG

Sanierung / Erhaltung des Knicknetzes
Pflanzung von Baum- und Gehölzgruppen
Waldbildung - Aufforstung mit standortgerechten Laubgehölzen
Pflanzung von Alleen, Baumreihen
Anlage von Kleinstrukturen (Kleingewässer, Feldgehölze, Brache etc.)

SONSTIGES

Bestand an:
- Wald/Gehölz
- Wiesen/Weiden/Brachen
- ökologisch hochwertigen Flächen (z.B. Sümpfe, Moore, Brüche, Röhricht etc.)
- Ackerflächen
- Wasserflächen

BAULICHE STRUKTUREN / DORFBILDER

Dorf/Wohnbauflächen
Gewerbeflächen

MAßNAHMEN ZUR SICHERUNG/GESTALTUNG DER ORTSBILDER

mögliche Ortserweiterungen
Sicherung der Grün-/Freiflächen
Besondere innerörtliche Gestaltungsmaßnahmen in Fremdenverkehrsorten

TOURISTISCHE INFRASTRUKTUR

Bestand an:
- Reiterpark
- Wasserskianlage
- Badestelle
- Sportplatz

GESTALTUNG UND VERBESSERUNG DES ANGEBOTES

Potentielle Flächen zur Erweiterung des Reiterparkes
Erweiterung der Sportflächen
Golfübungswiese
Alternativfläche Golfübungswiese
Abenteuerspielplatz/Spielwiese
Sanierung des Turms, Umfeldgestaltung
Erschließung und Kennzeichnung der Bodendenkmäler
Anlage von Grillplätzen, Verbesserung/Gestaltung vorhandener Grillplätze
Ausweisung eines Wanderweges
Ausweisung eines Reitweges
Ausbau eines kombinierten Rad-/Fußweges an Straßen
Sperrung von Wegen für den öffentlichen Durchgangsverkehr
(Anlieger, Forst- und Landwirtschaft, Radfahrer frei)
Anlage von Rast/-Aussichtsplätzen, Aufwertung vorhandener Rastplätze
Anlage von Aussichtstürmen
Gestaltung eines Naturlehrpfades
Anlage von Wanderparkplätzen

SONSTIGES

Bauflächen für Fremdenverkehr und Erholung
Anlage eines Reiterhofes (Reitanlage, Ferienunterkünfte)
Anlage eines Campingplatzes
Möglichkeiten zur Erweiterung

6   Koordinierung von Fremdenverkehrsplanung und Landschaftsplanung

Eine qualifizierte Fremdenverkehrsplanung ist auf landschaftsplanerische Aussagen angewiesen. Wenn sich touristisches Handeln - wie dargestellt - an der landschaftsökologischen Verträglichkeit orientieren soll, ist diese Verträglichkeit zu begründen. Zur Beurteilung der Umwelterheblichkeit touristischer Nutzungen muß bekannt sein, auf welche Empfindlichkeit der Nutzungsanspruch trifft.

So ist die Fremdenverkehrsplanung auf die qualifizierten Aussagen eines Landschaftsplanes angewiesen. Entwicklungsziel ist eine "Ökologisch differenzierte Raumnutzung".

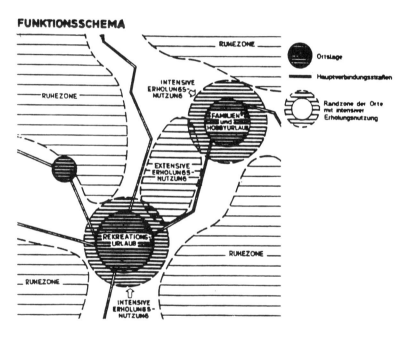

Abb. 14:   Funktionsschema einer räumlich differenzierten touristischen Nutzung

Dieses Ziel kann mittels einer Kooperation der beiden beteiligten Planungen leichter erreicht werden, als durch eine bloße Zuhilfenahme eines bestehenden Landschaftsplanes. Der Vorteil einer parallelen und abgestimmten Zusammenarbeit beider Planwerke liegt in der damit ermöglichten Dynamik des Prozesses. Die Fremdenverkehrsplanung wird nicht mit ihrer Interpretation des Landschaftsplanes allein gelassen. Der Landschaftsplaner steht als Partner einer Abstimmung über die Ziele zur Verfügung (zur Abgrenzung Fremdenverkehrsplanung/Landschaftsplanung vgl. Kap. 6.1).

Der Prozeß der koordinierten Planung wurde als ein wesentlicher Bestandteil des Vorhabens angesehen. Die Ermittlung der Tragfähigkeit des Landschaftshaushaltes bezüglich aktueller bzw. geplanter/gewünschter touristischer Nutzung bildet eine zentrale Information der Landschaftsplanung an die Fremdenverkehrsplanung (vgl. Abb. 15)

6.1   Erholungsplanung - Abgrenzung der Arbeiten von Landschafts- und Fremdenverkehrsplanung

Der Auftrag von Naturschutz und Landschaftspflege begründet sich im Naturschutzgesetz. Eingeschlossen ist die Sicherung und Entwicklung der "Vielfalt, Eigenart und Schönheit" der Landschaft für die Erholungsnutzung des Menschen (landschaftsbezogene Erholung). Wissend um die Belastungswirkungen, die durch die Erholungsnutzung in der Landschaft ausgelöst werden (können), wird in der Fachwelt darum gestritten, inwieweit sich der Naturschutz mit der Erholungsvorsorge identifizieren darf (PFLUG, 1981). Für eine Integration der Erholungsvorsorge in die Landschaftsplanung sprechen indes gute Gründe (vgl. KIEMSTEDT & SCHARF, 1990).

Der Erholungszweck bietet als Grund einer Landschaftssicherung und -entwicklung dem Naturschutz eine interessante Bündnispartnerschaft (SCHEMEL u.a., 1987). Die Verbindung von Naturschutz und Erholung birgt zudem die Chance, Vorschläge zur Nutzung des Raumes - auch für die Erholung - aus einem ökosystemaren Zusammenhang heraus zu entwickeln. Für diese Aufgabe erscheint die Landschaftsplanung prädestiniert.

Im E + E-Vorhaben wurde daher davon ausgegangen, daß in der integrativen Bearbeitung ein höheres Innovationspotential ruht als in einer Ausgliederung der Erholungsvorsorge aus der Landschaftsplanung. Dabei bleibt festzuhalten, daß die Landschaftsplanung nicht aktiver Wegbereiter einer gezielten Erschließung der Landschaft für bestimmte Aktivitäten sein kann. Sie wird gegenüber der Inanspruchnahme von Landschaft für das Nutzungsinteresse Freizeit und Erholung eine kritische Haltung wahren. Dies ist Teil der Arbeitsteilung; Landschaftspflege und Naturschutz sind nicht die allein zuständige Fachplanung für den Erholungsaspekt. Ihre originäre Aufgabe besteht in der Sicherung und Entwicklung der natürlichen Voraussetzungen für die Erholung.

Im Modellvorhaben wurden - basierend auf der dargestellten Ausgangsposition - Möglichkeiten und Aufgabenteilung einer Zusammenarbeit der Erholungsvorsorge im Zuge der Landschaftsplanung mit dem touristischen Ansatz der Fremdenverkehrsplanung (Nutzungs- und Vermarktungsaspekt) erprobt.

Dieses Vorgehen stellt auch den Versuch da, die Landschaftsplanung - statt sie bei der Entwicklung der Nutzungskonzeption als "Verhinderungsplanung" auszugrenzen - in das Verfahren einzubeziehen. In der Tat hat sie der Tourismusplanung einiges an Arbeitsgrundlagen zu bieten (siehe unten).

Im Modellvorhaben wurde mit der in Abbildung 15 dargestellten Arbeitsteilung verfahren.

Die Landschaftsplanung schafft mit ihrer Erfassung der landschaftlichen Gegebenheiten (unter anderem Biotopty-pen-, Realnutzungskartierung) eine Arbeitsgrundlage, auf der die Fremdenverkehrsplanung aufbauen kann (Identifizierung landschaftsgestalterisch besonderer und damit potentiell touristisch bedeutsamer Bereiche)[12]. Die Landschaftsplanung übernimmt die Darstellung und Bewertung der Eignung sowie der Grenzen der Nutzungs-fähigkeit von Natur und Landschaft für die Erholung. Die Wertung ist grundsätzlich und bezieht sich auf alle Erholungsansprüche und Freizeitaktivitäten und -aktivitätskomplexe, die auf natürliche Grundlagen angewiesen sind. Diese reichen vom Natur- und Landschaftserleben als komplexe Sinneserfahrung ("ruhige Erholung") bis zur Nutzung einzelner Naturelemente für spezielle Freizeitaktivitäten (Schnee und Relief für Skilauf, Strand und Wasser für Baden).

Für diese Skala von naturbezogenen Aktivitäten hat die Landschaftsplanung unterschiedliche Aufgaben wahr-zunehmen. Bezüglich der ruhigen Erholung geht es um die Sicherung und Entwicklung entsprechender Angebote, die Festsetzung von Erschließungsgrenzen, die Verhinderung von Massenandrang und das Fernhalten von Störungen durch andere Nutzungen, eventuell auch andere Erholungsaktivitäten.

Bei den auf einzelne Naturfaktoren gerichteten, technisierten und stark infrastrukturorientierten Aktivitäten (Skilaufen, Surfen, Bootfahren usw.) steht die Verhinderung von Überlastungen der natürlichen Ressourcen, die Vermeidung von Beeinträchtigungen anderer Ökosystemfunktionen und der Störung anderer Raumnutzungen im Vordergrund.

Die Landschaftsplanung stellt nicht spezifische Eignungen für einzelne Aktivitäten fest. Die Landschaftsplanung beantwortet die Frage *"wo ist es erholsam, wo ist es schön, wo ist Besonderes erlebbar?"* grundlegend und für Einwohner und Gäste gleichermaßen.

Die so dargestellte natürliche Erholungseignung wird im Fremdenverkehrsplan hinsichtlich ihrer touristischen Bedeutung (= Vermarktbarkeit) interpretiert. Der Touristiker stellt die Beziehung her zwischen dem natürlichen Angebot und den Ansprüchen der identifizierten Nachfragegruppen. Für ihn stellt sich auch die Frage nach der erschließenden/ergänzenden Infrastruktur. Eine gemeinsame Betrachtung beider Angebotsbestandteile ergibt die Bewertung der aktuellen touristischen Eignung. Festgestellte Defizite begründen touristische Entwicklungsziele (z.B. Wegebau, Reitplatz, Bootsverleih).

---

[12]   Im übrigen stellt auch das kartographische Ergebnis der Landschaftsplanung eine hilfreiche Arbeitsgrundlage für die Fremden-verkehrsplanung dar.

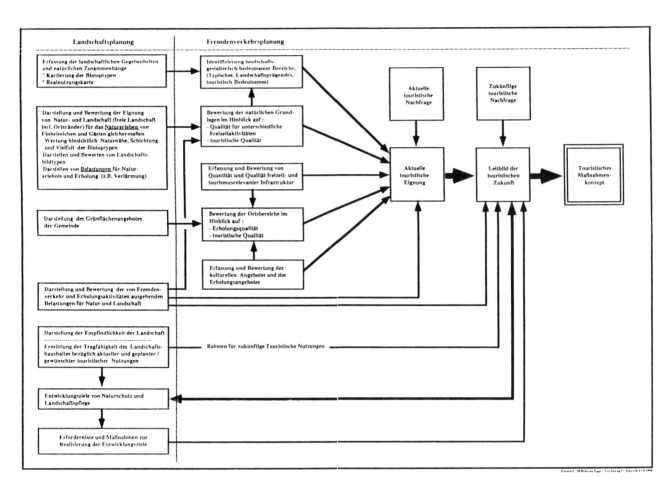

Abb. 15:   "Erholungsplanung" - Abgrenzung der Arbeiten von Landschaftsplanung und Fremdenverkehrsplanung

Diese Vorstellungen werden durch die Landschaftsplanung auf ihre Umweltverträglickeit hin überprüft und mit

den Entwicklungszielen des Landschaftsplanes abgestimmt. An dieser Stelle ist entweder ein Kompromiß möglich,

andernfalls ist auf Grundlage der Darstellungen zumindest eine qualifizierte politische Abwägung vorzunehmen.

Der Vorteil der koordinierten Bearbeitung besteht darin, daß die Zusammenarbeit den *gemeinsamen* Kompromiß

ermöglicht. Dabei ist ein potentiell gleichgerichtetes Interesse durchaus vorhanden: Die Sicherung und Entwick-

lung der Erholungslandschaft. Wenn eine touristische Nutzung mit einer Gefahr von Überlastungen verbunden ist,

so kann dieser langfristig auch touristisch unerwünschte Effekt dargestellt werden. Damit besteht zumindest die

Chance, den Tourismus auf langfristig tragfähige Ziele zu verpflichten. Die - sicher vorhandene - Schnittmenge

touristischer und landschaftsökologischer Ziele kann durch diese Konstruktion zu Konsequenzen in der Maßnah-

menplanung führen.

6.2   Koordinierung und Zusammenarbeit der Landschafts- und Fremdenverkehrsplanung

Der Arbeitszusammenhang von Landschafts- und Fremdenverkehrsplanung wird in der Abbildung 16 veranschaulicht. Diese Darstellung knüpft an die eben beschriebene "Arbeitsteilung" an. Die Sortierung der Arbeitsinhalte folgt der Chronologie des Arbeitsablaufes analog der üblichen vier Leistungsphasen (I: "Darstellung der Aufgabenstellung", II: "Bestandsaufnahme und Bewertung", III: "Vorentwurf Ziel- und Maßnahmenkonzept", IV: "Entwurf Ziel- und Maßnahmenkonzept").

Nach einer ersten Phase der Einarbeitung, in der sich die Planer durch Austausch von Informationen und Vermittlung von Kontakten gegenseitig unterstützen, findet in der Phase der Bestandsaufnahme die Aufarbeitung der jeweiligen Planungsgrundlagen statt.

Der wichtigste Punkt der Zusammenarbeit in dieser Phase ist die beschriebene Aufarbeitung des Erholungspotentials durch die Landschaftsplanung und die darauf aufbauende Darstellung der natürlichen Grundlagen für den Tourismus durch die Fremdenverkehrsplanung. Die folgende Auflistung gibt einen Überblick über den Informationsaustausch.

Übersicht: Informationsaustausch von Landschafts- und Fremdenverkehrsplanung

A.   Informationen der Landschaftsplaner an die Fremdenverkehrsplaner:

- Realnutzung (Biotoptypen und Strukturmerkmale) - für die Fremdenverkehrsplanung wichtige Kartengrundlage/Orientierungshilfe, Grundlage für die touristische landschaftsbezogene Bestandsaufnahme und Bewertung

- Information über die Tragfähigkeit des Landschaftshaushaltes bezüglich aktueller und geplanter bzw. gewünschter Nutzungen - Arbeitsgrundlage für die touristische Zielkonzeption

  - Hinweis auf empfindliche, schutzwürdige Bereiche, Darstellung eines Zonierungskonzeptes (Ausgrenzung von Flächen mit bestimmten Nutzungsbeschränkungen, Beitrag zur umweltschonenden touristischen Nutzung)

- Darstellung des Erholungspotentials (natürliche Erholungseignung, Grundlage für die touristische Bewertung der natürlichen Angebotsqualität)

  - Darstellung für den Tourismus unter dem Aspekt landschafts- und naturbezogene Erholung wertvollen Landschaftsteilen, Hinweis auf örtliche Besonderheiten und Qualitäten

- Flächendeckende Erfassung der Landschaftsteile und -räume, die für das Natur- und Landschaftserleben von Bedeutung sind (einschließlich der bestehenden Beeinträchtigungen)

  - Erfassung der Landschaftsteile und -räume, die aufgrund ihrer Naturausstattung und Naturnähe von besonderer Bedeutung sind,

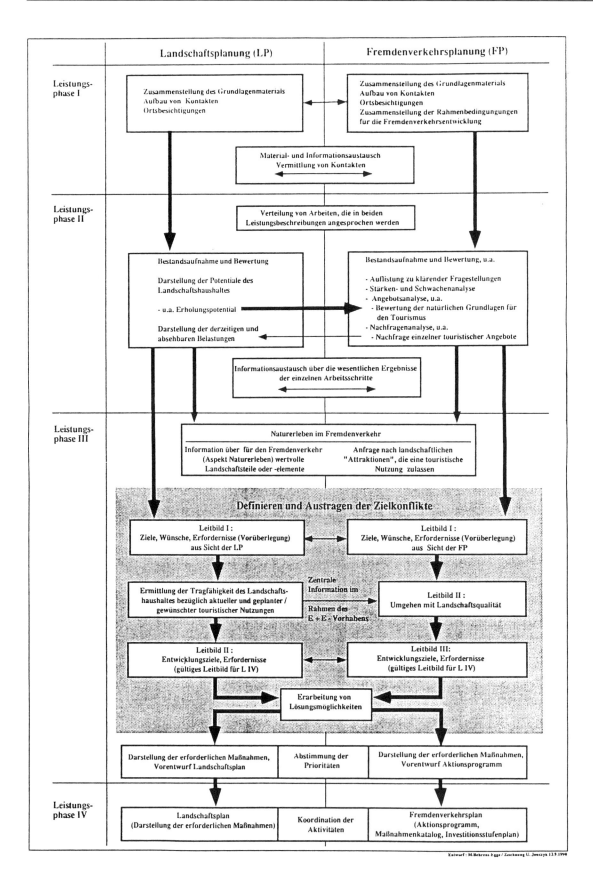

Abb. 16:   Arbeitszusammenhang Landschafts- und Fremdenverkehrsplanung (idealisiertes Schaubild, dargestellt nur die wesentlichen Arbeitsschritte der Koordinierung)

- Erfassung geomorphologisch und kulturhistorisch bedeutsamer Strukturen,

- Abgrenzung von Erlebnisräumen,

- Erfassung der Zugänglichkeit (Benutzbarkeit) und Erreichbarkeit der Landschaftsteile und -räume mit Bedeutung für Natur- und Landschaftserleben.

● Bewertung des Bestandes:

- Abgrenzung von Bereichen, die aufgrund ihrer Vielfalt, Eigenart und Naturnähe für das Natur- und Landschaftserleben von besonderer Bedeutung sind ("landschaftsgestalterische Sicherungsbereiche"),

- Abgrenzung von Bereichen mit einem Defizit an Strukturen, die für das Natur- und Landschaftserleben von Bedeutung sind ("potentielle landschaftsgestalterische Entwicklungsbereiche"),

- Abgrenzung der Bereiche, die aufgrund ihrer Bedeutung für die Tier- und Pflanzenwelt sowie ihrer Empfindlichkeit gegenüber der Erholungsnutzung geschützt werden müssen (Räume mit Beschränkungen für Erholungsnutzung).

B.   Informationen der Fremdenverkehrsplaner an die Landschaftsplaner

● Erfassung von Lage und Nutzungsintensität touristischer Infrastruktur (für den Landschaftsplan ein Beitrag zur Darstellung der realen Nutzung und zur Ermittlung der Belastungen des Landschaftshaushaltes).

Die Abstimmung der Zielkonzepte/Leitbilder der Planungen bildet das für das E+E-Vorhaben als wesentlich angesehene Arbeitsfeld der Zusammenarbeit. In dieser Arbeitsphase werden zunächst die aus der Sicht der jeweiligen Fachplanung bestehenden Leitbilder entwickelt. Wichtige Impulse können dabei von den Mitgliedern der begleitenden Arbeitsgruppen ausgehen. Auf Basis der Bestandsaufnahme und der erkannten Handlungsalternativen wird dargestellt, welche Ziele jeweils verfolgt werden sollen.

Im nächsten Schritt werden die bestehenden Zielkonflikte beider Leitbilder definiert und gemeinsame Kompromisse gesucht. In diesen Prozeß werden beide Arbeitsgemeinschaften einbezogen. Auf Seiten der Landschaftsplanung wird die Tragfähigkeit des Landschaftshaushaltes bezüglich der touristisch gewünschten Ziele ermittelt. In der Abwägung der Ziele ist für die touristischen Interessenvertreter zu klären, wie sie mit Empfindlichkeiten der Landschaft und daraus resultierenden Risiken umgehen können (oder wollen). Hier wird für die Mitarbeiter der AG transparent, was "umweltverträglicher Tourismus" für die Gemeinde praktisch heißen kann.

Die gemeinsame Abstimmung resultiert im Optimalfall in landschaftsplanerisch-touristischen Kompromissen, so daß die abgestimmten Planwerke keine Widersprüche enthalten. Alternativ werden die bestehenden Konflikte für eine politische Abwägung aufbereitet.

Nach dieser Zusammenarbeit werden die jeweils fachlich gegebenen Maßnahmen zusammengestellt. Die Maßnahmenkataloge werden, um mögliche Synergieeffekte zu nutzen, abgestimmt.

6.3 Erfahrungen aus den drei Modellgemeinden

6.3.1 Gemeinde Bad Zwischenahn

Die Bearbeitung der beiden Planwerke für Bad Zwischenahn vollzog sich wie in Kapitel 6.1 und 6.2 dargestellt. Die Konfliktdichte zwischen landschaftsplanerischen Zielen und den touristischen Entwicklungsvorstellungen war gering. Der Ort hat schon jetzt Probleme, die Gästezahl zu bewältigen. Ein Ausbau neuer Attraktionen ist nicht geplant.

Eine Gästebefragung in Bad Zwischenahn verdeutlichte den hohen Stellenwert von Natur und Landschaft und den darauf ausgerichteten Aktivitäten (wandern, spazierengehen, radfahren, "draußen sein") für die Gäste. Die natürlichen Qualitäten, das eigentlich Besondere Bad Zwischenahns, wird auch zukünftig ein wesentlicher Bestandteil im Angebot bleiben. Eine Sicherung und Entwicklung dieser Qualität ist aus dieser Argumentation heraus ein touristisches Ziel.

Die Ergebnisse der Landschaftsplanung trugen dazu bei, die Brennpunkte bzw. erforderlichen Sicherungsmaßnahmen zu konkretisieren (Wasserqualität Zwischenahner Meer, Übernutzung eines Naturschutzgebietes, zu befürchtende/zu erwartende Entwertung der Erholungslandschaft durch Intensivierung der Flächennutzung). Diese, auch aus touristischer Sicht festgestellten Beeinträchtigungen, schlagen sich in beiden Planwerken nieder. In den wenigen Fällen, in denen in Bad Zwischenahn eine touristische Inanspruchnahme von Landschaft (Erschließung durch Wege) vorgesehen ist, konnte - in Zusammenarbeit mit der Landschaftsplanung - ein verträglicher Rahmen festgelegt werden.

Die wesentlichen touristischen Maßnahmen, die in Bad Zwischenahn vor allem auf eine Aufwertung der innerörtlichen Aufenthaltsqualität abzielen, werden aus landschaftsplanerischer Sicht begrüßt. Damit bestätigt sich in Bad Zwischenahn die These, daß eine an langfristiger qualitativer Entwicklung ausgerichtete Fremdenverkehrsplanung mit landschaftsplegerischen Zielen konform gehen kann. Der Fremdenverkehrsplanung wurde dieses Ziel nicht aus der Landschaftsplanung vorgegeben, es ergab sich aus der touristischen Argumentation heraus. Der Landschaftsplan leistete jedoch einen entscheidenden Beitrag zur Begründung der Ziele, zur Verortung der Problembereiche und zur Beschreibung von Maßnahmen. In Bad Zwischenahn haben sich die innerhalb der beschriebenen Aufgabenteilung erbrachten Leistungen sinnvoll ergänzt.

Aus Sicht der Fremdenverkehrsplanung sind Teile der Landschaft als hochwertige Erholungslandschaft zu sichern und zu entwickeln. Für große Teile dieser Flächen stellt der Landschaftsplan das Ziel einer Sicherung und

Entwicklung schutzwürdiger Landschaft dar[13]. Da es möglich erschien, die touristische Entwicklung auf diesen Flächen auf ein umweltverträgliches Ausmaß zu bringen, ist die Schnittmenge gemeinsamer Interessen erheblich.

In diesen Fällen war die touristische Argumentation für die Landschaftsplanung hilfreich - gleichzeitig bildet die vorgesehene Erschließung durch Wege, Informationsstellen und Aussichtspunkte auch eine gewisse Landschaftsbelastung. Für diese Nutzung ließ sich jedoch - wie bereits erwähnt - ein verträglicher Rahmen finden. Die schärfsten Nutzungskonflikte in Bad Zwischenahn bestehen zwischen den Interessen der Landwirtschaft und den Baumschulbetrieben auf der einen und den landschaftspflegerischen und auf die Erholungslandschaft bezogenen touristischen Zielvorstellungen auf der anderen Seite. Diese Konflikte wurden in den Arbeitsgruppen offen angesprochen. An manchen Stellen war eine Lösung möglich, zumeist in Form eines Kompromisses bei der Festlegung von Grenzen bzw. bei der Verordnung divergierender Nutzungsvorstellungen. In den Fällen, in denen Konflikte nicht ausgeräumt werden konnten, wurden sie zunächst im Sinne der Fachpläne, d.h. aus Sicht der Landschafts- bzw. der Fremdenverkehrsplanung bewertet. Eine abschließende Entscheidung über diese Konflikte wird im Rahmen der politischen Abwägung in den Gremien und Ausschüssen der Gemeinde getroffen.

Auch bezüglich der landwirtschaftlichen und touristischen Zielvorstellungen ist eine (teilweise) Zielkongruenz durchaus denkbar. Potentiell bietet der Tourismus die Chance zusätzlicher Einkommenseffekte für die Landwirtschaft. Vielversprechend - weil in anderen Gemeinden bereits erfolgreich erprobt - erscheint eine Direktvermarktung örtlicher Produkte an die Gäste bzw. an das heimische Gastgewerbe. Der Schulterschluß "besondere Landschaft - besondere Produkte - hohe Qualität - angemessener Preis" ist auch ökonomisch interessant. Weitere Anknüpfungspunkte bestehen in den Feldern "Ferien auf dem Bauernhof" und Zusammenarbeit mit Reitställen oder Kutschenunternehmern (bezahlter Pflege von Erholungslandschaft). Insbesondere der letztgenannte Punkt hat Zukunft: das über den Umweg "Tourismus" durch schöne landwirtschaftliche Flächen zu erwirtschaftende Einkommen kann die direkten landwirtschaftlichen Erträge bei weitem übersteigen. Schon heute leistet die Landwirtschaft auf den extensiv genutzten Flächen viel für den Tourismus. Diese Leistungen werden jedoch nicht entlohnt. Um die - touristisch brisante - Intensivierung der landwirtschaftlichen Flächennutzung (bzw. im anderen Extrem, das Brachfallen und Verbuschen) aufzuhalten, erscheint ein Umdenken erforderlich. Die Landwirtschaft ist auch für ihr Produkt "Erholungslandschaft" zu honorieren.

Die genannten Berührungspunkte werden in Bad Zwischenahn derzeitig nicht genutzt - durch die Aussagen der Landschafts- und Fremdenverkehrsplanung jedoch möglicherweise einer Realisierung nähergebracht.

---

[13]   Diese Aussage trifft das Zwischenahner Meer und seine Uferbereiche, die vielfältigen strukturreichen Niederungen, Flußläufe und Grünland/ Weideflächen sowie die Moorrandgebiete.

6.3.2   Gemeinde Baiersbronn

Abweichend von dem unter 6.1 und 6.2 beschriebenen Vorgehen ging die Arbeitsteilung zwischen Landschafts- und Fremdenverkehrsplanung von Baiersbronn sehr weit: Die Landschaftsplanung bewertete das Erholungs- potential der freien Landschaft, die Fremdenverkehrsplanung die innerörtlichen Qualitäten. Auf Grundlage der Ergebnisse der landschaftsplanerischen Bewertung entschieden sich die Fremdenverkehrsplaner gegen eine weitergehende touristische Landschaftsbewertung. Die Eignung für Erholung und Tourismus sei in Baiersbronn generell hoch, die besondere Qualität läge in den landschaftsbezogenen Erholungsmöglichkeiten. Eine wei- tergehende Differenzierung halten die Fremdenverkehrplaner nicht für erforderlich.

Auch in Baiersbronn war die Konfliktschärfe zwischen landschafts- und fremdenverkehrsplanerischen Zielen gering. In der Fremdenverkehrsplanung wurden "ruhige, landschaftsbezogene Erholung" und Kur im touristischen Leitbild herausgestellt. Die entsprechende Zielsetzung korrespondiert mit den landschaftsplanerischen Zielen. Bei den Planungen ist an eine Sicherung der Mindestflur (freie Talfläche) und der Wiesenlandschaft sowie eine Entwicklung abwechslungsreicher Bestände und einer Durchgrünung der Orte gelegen.

6.3.3   Gemeinde Süsel

In Süsel war die Zusammenarbeit von Landschafts- und Fremdenverkehrsplanung intensiv. Dies vor allem deshalb, weil es nur eine gemeinsame Arbeitsgruppe mit gemeinsamen Sitzungen gab[14].

Die Ergebnisse der Landschaftsplanung wirken tief in die Darstellungen der Fremdenverkehrsplanung hinein. Im Fremdenverkehrsplan wurden die Ergebnisse der Bewertung der Erholungslandschaft aus dem Landschaftsplan übernommen. Eine eigenständige Bewertung der natürlichen Eignung für den Tourismus erfolgte nicht, die touristische Eignung wurde mit dem im Landschaftsplan festgestellte Erholungspotential gleichgesetzt.
Die Fremdenverkehrsplanung ergänzte diese Darstellungen um die Analyse der Infrastruktur und der Nachfragen. Die Zielkonzepte beider Planungen wurden intensiv abgestimmt. Konflikte bestanden nur punktuell (Neubau eines Campingplatzes, Erweiterung eine Reitanlage). Die Standorte und Kapazitäten wurden durch eine Umweltver- träglichkeitsstudie überprüft. Die dort empfohlenen Schutz- und Ausgleichsmaßnahmen wurden Bestandteile der Fremdenverkehrsplanung. Im Resultat wird auf einen landschaftsbezogenen Tourismus gesetzt (Erschließung der Landschaft).

---

[14]   Die daraus resultierende Suche nach Kompromissen "von Beginn an" war jedoch für die Fremdenverkehrsplanung wenig förderlich, vgl. 5.3.3.

7   Erfahrungen und Ergebnisse aus der Arbeit, Empfehlungen

Das im E+E-Vorhaben angewandte Arbeitsprinzip hat sich aus Sicht sowohl der Landschafts- als auch der Fremdenverkehrsplanung bewährt und kann als Grundlage weiterer planerischer Überlegungen empfohlen werden. Die Erfahrungen, die daraus ableitbaren Hinweise und Überlegungen zur Weiterentwicklung des Ansatzes werden im folgenden dargelegt.

7.1   Erfahrungen und Hinweise für die Landschaftsplanung

7.1.1   Zusammenarbeit mit einer projektbegleitenden Arbeitsgruppe

Von allen am E+E-Vorhaben beteiligten Planern wurde die Mitarbeit der Arbeitsgruppen positiv bewertet. Das Instrument Landschaftsplan konnte in den drei Modellgemeinden etabliert werden. Durch das bessere Verständnis und die erworbene Sachkenntnis erhöhte sich die Akzeptanz der Zielvorstellungen der Landschaftsplanung erheblich. Die AG-Mitglieder vertraten und verbreiteten planerische Inhalte, die sie mitgestaltet hatten, in der Gemeinde und den jeweiligen Ausschüssen und waren kompetente Ansprechpartner vor Ort, wodurch die Umsetzungschancen erheblich anstiegen.

Hinweise zur Besetzung einer Arbeitsgruppe/Organisation

Als Konsequenz aus den im Zuge des Projekts gewonnenen Erfahrungen sollten bei der Zusammenstellung projektbegleitender Arbeitsgruppen die folgenden Anregungen beachtet werden:

-   Zur Mitarbeit in einer planungsbegleitenden Arbeitsgruppe sollten alle für das Gemeindegebiet wichtigen Entscheidungsträger sowie Vertreter von Verbänden und Vereinen eingeladen werden. Es sollte aber sichergestellt sein, daß die Tätigkeit in einer solchen AG über einen längeren Zeitraum hin konstant und regelmäßig erfolgt.

-   Zur Begleitung der Landschafts- und Fremdenverkehrsplanung sollten eigenständige Arbeitsgruppen gebildet werden, damit beide Planer zunächst ein aus der jeweiligen fachlichen Sicht optimales Konzept entwickeln können.

-   Vor den jeweiligen Treffen ist das Verschicken von Materialien zur Information der Beteiligten und zur Vorbereitung einer problemorientierten Diskussion sinnvoll. Im Anschluß an jedes Treffen sollte ein ausführliches und allgemein verständliches Protokoll abgefaßt und allen AG-Mitgliedern zugestellt werden. Nur durch Information der Nichtanwesenden kann ein einheitlicher Kenntnisstand gewährleistet werden. Ermüdende, die Diskussion hemmende Wiederholungen werden dadurch überflüssig.

- Umstrittene Themen, wie z.B. die aktuelle Planung eines Campingplatzes, können zwar in den Arbeitsgruppen erörtert werden, sollten die Sitzungen aber solange nicht inhaltlich dominieren, bis grundsätzliche Zielvorstellungen für das Gemeindegebiet formuliert sind.

Bei der Zusammenstellung einer kommunalen AG zur Begleitung eines landschaftsplanerischen Vorhabens sollten mindestens die folgenden Institutionen bzw. Gruppen berücksichtigt werden:

- Vertreter aus Politik und Verwaltung (Gemeinde- oder Stadtverwaltung; (Land)Kreis- und Bezirksverwaltung)
- Vertreter der Fachplanungen (z.B. Naturschutz, Land-, Forst- und Wasserwirtschaft)
- Vertreter von Verbänden und Vereinen (z.B. Naturschutz, Fremdenverkehr, Jagd und Fischerei)
- Vertreter der örtlichen Bürgerinitiativen

<u>Hinweise zu Inhalten und zur Vorgehensweise in einer AG</u>

In der Anfangsphase eines Planungsprozesses sollten die Planer das Gesamtvorhaben ausführlich erläutern und verdeutlichen, welche Art von Informationen sie zu welchem Zweck benötigen. Das Hinzuziehen von Planungsbeispielen kann hilfreich sein und erheblich zur Veranschaulichung beitragen.

Besonders in der relativ konfliktarmen Diskussionsphase während der Bestandsaufnahme und Bewertung ist es wichtig, einen gruppendynamischen Prozess in Gang zu setzen und zu erhalten. Dieses Ziel kann durch den Einsatz diverser Medien (z.B. Videofilm über spezielle Landschaftsschäden im Gemeindegebiet) oder über die Durchführung von gemeinsamen Ortsbesichtigungen im Hinblick auf bestimmte Problemfelder erreicht werden.

Die zu Beginn der Zusammenarbeit durchzuführenden Einzelgespräche zwischen AG-Mitgliedern und Planern können sehr zum Verständnis beitragen und schon frühzeitig wichtige Themen bzw. Informationen in die Diskussion einbringen.

7.1.2   Möglichkeiten der Landschaftsplanung zur Einflußnahme auf die kommunale Fremdenverkehrsplanung

Die Vorgehensweise in den drei Modellgemeinden hat gezeigt, daß eine Zusammenarbeit von Landschafts- und Fremdenverkehrsplanern "von Anfang an" zu positiven Ergebnissen führen kann. In allen Gemeinden haben die Landschaftsplaner den Fremdenverkehrsplanern Grundlagendaten geliefert. Beispielhaft seien hier die Biotoptypen-kartierung für das jeweilige Gemeindegebiet sowie die anschließenden Bewertungen der Biotoptypen in ihrer Bedeutung als Lebensraum für Pflanzen und Tiere und in ihrer Bedeutung für das Naturerleben genannt. Dadurch konnten die Fremdenverkehrsplaner schon zu Beginn der Planungsphase "Tabuflächen" erkennen und in ihre Überlegungen einbeziehen. Durch den dauernden Kontakt beider Planungsdisziplinen bei gemeinsamen Treffen und in den Arbeitsgruppen waren zu jeder Zeit Rückfragen und Abstimmungsgespräche möglich, so daß zahlreiche mögliche Konflikte schon im Vorfeld vermieden werden konnten. Die gemeinsame Suche nach Lösungsmöglich-keiten trug auch zum Abbau von Vorurteilen zwischen Landschafts- und Fremdenverkehrsplanern bei. Die Zusammenarbeit führte - trotz unterschiedlichem Hintergrund - in allen Gemeinden zu einem gemeinsamen Vorgehen bei durchaus ähnlichen Zielvorstellungen.

So wurde von den Landschaftsplanern z.B. im Zielkonzept für Bad Zwischenahn die "Sanierung des Zwischen-ahner Meeres" vorgeschlagen, die Fremdenverkehrsplaner strebten die "Sicherung/Entwicklung einer ausreichen-den Wasserqualität (Badegüte)" an, die Sicherung und Entwicklung von Niederungsbereichen und Grünver-bindungen waren weitere gemeinsam forcierte Ziele.

Das gemeinsame Vorgehen war aus Sicht der Landschaftsplanung wesentlich befriedigender als üblicherweise praktizierte Verfahren, bei denen Landschaftsplaner fast ausschließlich um Stellungnahmen zu bereits vorliegenden Ergebnissen gebeten werden, getroffene Fehlentscheidungen aber nicht mehr zu beheben sind. Für die Land-schaftsplaner ergab sich weiterhin die Möglichkeit, durch die Zusammenarbeit in den Arbeitsgruppen landschafts-planerische Inhalte Personengruppen zu vermitteln, die im Normalfall nicht oder nur schwer erreichbar sind. Dadurch erhöhte sich in den Gemeinden die Akzeptanz und damit auch die Steuerungsmöglichkeit von kom-munalen Entscheidungen.

7.2 Erfahrungen und Hinweise für die Fremdenverkehrsplanung

7.2.1 Zusammenarbeit mit einer projektbegleitenden Arbeitsgruppe

Die Arbeit der Fremdenverkehrsplanung profitierte in besonderem Maße von der örtlichen, projektbegleitenden Arbeitsgruppe. Es hat sich bewahrheitet, daß für die Fremdenverkehrsplanung wesentliche Kenntnisse vor Ort bestehen und über das Forum einer Arbeitsgruppe für eine Planung abrufbar werden.

Bei den örtlich Betroffenen bzw. touristisch Handelnden ist eine Fülle von Informationen bezüglich der Qualität der touristischen Angebote und der Angebotsengpässe vorhanden. Diese erfordern eine kritische Durchsicht und Ergänzung durch die Planer/Gutachter, um dann in Abstimmung der "Binnensicht" der Betroffenen und der "Außensicht" der Planer in eine Bestandsbewertung (Stärken-Schwächen-Analyse) einmünden zu können. Die "Öffnung" dieses Arbeitsschrittes für die örtlichen Touristiker ermöglicht ein kreatives Miteinander. Dieser Prozeß profitiert ganz wesentlich davon, daß die AG-Mitarbeiter konkrete Erfahrungen mitbringen, z.B. bezüglich bereits erprobter denkbarer Lösungsmöglichkeiten (Akzeptanz bei Gästen und Anbietern).

Mittels dieser Herangehensweise läßt sich die Phase der Einarbeitung für die Planer deutlich straffen, gleichzeitig entsteht vor Ort frühzeitig ein Gefühl für die Hauptinhalte der Arbeit. Dies bildet nicht nur eine erste Grundlage für Planungsakzeptanz, sondern ermöglicht eine zielgerichtete Zusammenarbeit von Beginn an. Die AG bildet ein wertvolles Kollektiv, in dem die für die Planung relevanten Fragen an den Planer herangetragen werden.

Durch die frühzeitige Abstimmung der Arbeitsschwerpunkte mit den örtlichen Sichtweisen kann einem in der Planungspraxis häufigen Fehler, der mit hohem Aufwand betriebenen Suche nach relevanten Antworten auf irrelevante Fragen, begegnet werden.

Insofern bietet das erprobte Verfahren einen Lösungsansatz, das häufig als unbefriedigend erlebte Mißverhältnis von analytischem Aufwand und Inhalt des Maßnahmenkonzeptes umzugewichten. Wenn es gelingt, einen Großteil der analytischen Vorarbeiten über die AG-Mitglieder einzuholen, kann der Arbeitsaufwand zugunsten der Diskussion von Zielkonzept und der Formulierung von Maßnahmen umgeschichtet werden.

Ein weiterer Punkt wurde als wesentlicher Vorteil der AG-Arbeit angesehen. Durch die Beteiligung der örtlichen Interessengruppen von Beginn an sind die Rahmenbedingungen zur Schaffung von Planungsakzeptanz gegeben.

Die Erfahrungen zeigen, daß bei entsprechendem Einbeziehen der AG-Mitarbeiter diese die Planungsinhalte in der Gemeinde vertreten. Sie können dies in aller Regel sehr viel wirksamer tun als externe Gutachter. Vor allem erweist sich diese Planungsakzeptanz als erforderlich, wenn zur Verabschiedung von Ziel- und Maßnahmenkonzepten politische Mehrheiten erforderlich sind.

Auf Grundlage der Erfahrungen im E+E-Vorhaben wird empfohlen, diesem Tatbestand durch bewußte Instrumentalisierung der AG als "vor-parlamentarischer Raum" Rechnung zu tragen. In der Diskussion in der AG wird spürbar, für welche Ziele und Maßnahmen vor Ort Akzeptanz bestehen könnte und für welche nicht. Dieses Wissen ermöglicht es, im Vorfeld entweder tragfähige Kompromisse zu finden, oder, wenn dies unmöglich erscheint, sich intensiv um die Akzeptanz zu bemühen.

Zur Besetzung der Arbeitsgruppe

Die o.g. Vorteile der AG-Arbeit sind nur dann nutzbar, wenn es gelingt, die relevanten Persönlichkeiten einzubinden.

Nach den Erfahrungen im E+E-Vorhaben erscheint es sinnvoll, alle Institutionen, Gruppierungen bzw. Persönlichkeiten in die Arbeitsgruppe einzubinden, die im anvisierten Arbeitsfeld schon vor Ort tätig sind bzw. von denkbaren Maßnahmen betroffen wären.

Bei der Besetzung der Arbeitsgruppe könnten u.a. die folgenden Fragestellungen Orientierungshilfe geben:

1. *"Welche geplanten/denkbaren Maßnahmen kann ich nicht allein umsetzen? Wessen Handlungen/Initiativen benötige ich für mein Vorhaben?"*
2. *"Wer könnte mir aufgrund seiner Einflußmöglichkeiten bzw. seiner Einstellung bei der Umsetzung meiner Vorstellungen als Bündnispartner hilfreich sein?"*
3. *"Wer könnte mein Vorhaben behindern, wen muß ich schon frühzeitig beteiligen (um ihn dann im Laufe des Arbeitsprozesses überzeugen zu können)?"*
4. *"Wer ist vor Ort "Spezialist", wer verfügt über Ortskenntnisse und Detailwissen, die über die Beteiligung in das Vorhaben eingebracht werden können?"*

Es wird vorgeschlagen, bei einer Besetzung einer kommunalen Arbeitsgruppe zur Begleitung einer Fremdenverkehrsplanung bzw. einer touristischen Analyse/Zielkonzeption u.a. an die folgenden Institutionen bzw. Gruppierungen zu denken:

- Vertreter von Politik/Parteien und Verwaltung bzw. Kurverwaltung (jeweils Führungskräfte - Leiter/Mitglieder des Fremdenverkehrsausschusses, Leiter des Fremdenverkehrsamtes)

- Vertreter des örtlichen Gastgewerbes

- Vertreter wichtiger, privater touristischer Angebote (z.B. Freizeitpark, Fährbetrieb)

- Vertreter von Handel, Gewerbe und Industrie; Industrie- und Handelskammer
- Vertreter des Fremdenverkehrsvereins
- Vertreter besonderer kultureller Institutionen
- Vertreter von Bürgerinitiativen.

Inhalte der AG-Arbeit

Es hat sich als sinnvoll erwiesen, zu Beginn der Arbeit das Planungsvorhaben, die von den Bearbeitern vorgeschlagene Arbeitsstruktur sowie Ziel und Auftrag der AG-Arbeit zu erläutern und diese Punkte mit der AG abzustimmen. Bewährt hat sich eine daran anschließende Runde von Einzelgesprächen, in denen die Gutachter die Ausgangsposition der einzelnen Gesprächspartner kennenlernen. Auf der so geschaffenen Basis hat sich eine projektbegleitende Arbeit in rund zweimonatigem Turnus bewährt. Gesprächsinhalt sind jeweils Zwischenergebnisse/Vorschläge der Bearbeiter, die zur Diskussion gestellt und mit der AG abgestimmt werden. Jeweils abschließend werden dann die weiteren Arbeitsschritte vereinbart. Hilfreich kann es sein, für die Klärung einzelner Streitpunkte externe Experten für ein Referat zu bitten, die durch ihre Erfahrungen die Diskussion in der AG auf eine breitere Basis stellen können.

Als Beispiel für die Chronologie einer AG-Arbeit wird hier abschließend eine Inhaltsübersicht über die Sitzungen in der Fremdenverkehrsplanung Baiersbronn gegeben.

Übersicht: Inhalte der AG-Arbeit in der Fremdenverkehrsplanung Baiersbronn

1. Sitzung am 22.3.1990

- Zur Vorbereitung: **Diskussionspapier: Thesen und Fragen, was sich im touristischen Angebot ändern sollte und was nicht**: Image, Unterschied zu anderen Fremdenverkehrsorten, Einstellung auf die Wünsche der Gäste, Auseinandersetzung mit Stärken und Schwächen
- Bericht über **Informationserhebung** über die acht Teilorte
- **Aussprache über die (Stärken und) Schwächen des touristischen Angebots**, besonders zu:
  Verkehr (hohe Dichte), Touristische Infrastruktur (mangelnde Ausstattung), Beherbergung (Komfort der Privatzimmer), familienfreundliche Angebote (phantasiereichere Angebote), Landschaft (Pflege durch Bauern, Zugänglichkeit des Waldes), Verhältnis der Einheimischen zu Gästen, arbeitsteilige Zusammenarbeit der Teilorte (verbessern und ausfeilen), Stärken: Landschaft, Service, Wanderwegnetz, Programmangebote, Gastronomie etc.

2. Sitzung am 3.5.1990

- Zur Vorbereitung: **Diskussionspapier "touristische Infrastruktur"**: Qualität statt Quantität, wenn trotzdem neue Einrichtungen, mit UVP überprüfen und dem Charakter der Teilorte anpassen

- Bildung der **"Ideengruppe"** mit dem Ziel, angeschnittene Fragen und Vorschläge näher zu beleuchten

- **"Profil Baiersbronn"**: Wanderparadies (im Winter noch Verbesserungen möglich), Gesundheit/Freizeitsport (besseres Eingehen auf Wünsche, z.B. Angebot von Gesundheitsprogrammen, Fahrrad- und Skiverleih), Kinderfreundlichkeit (entwicklungsfähig, z.B. Urlaub auf dem Bauernhof), gute Angebotsspanne im Bereich Wohnen (Privatzimmerkomfort im Auge behalten), Verkehrsanbindung gut, Zentralität (langfristig Mutterort stärken), Profil von Teilorten (Schönmünzach: Kneipp-Kurort, Obertal: keine Industrie, viele Privatzimmer, Schwarzenberg: Landwirtschaft, historisches Ortsbild gefährdet), Klosterreichenbach: gute Freizeitinfrastruktur, historische Gebäude)

3. Sitzung am 31. 5. 1990

- Referat **Urlaub in Deutschland/im Mittelgebirge**: wichtig neue junge Gäste zu gewinnen

- **Gästebefragung** wird abgelehnt, da Meinung der Gäste, die "wir nicht haben", wichtig wäre; aus Statistiken der KV ist wenig ersichtlich

- **Touristische Infrastruktur**: Kurbad wird als nötig empfunden, Kurhaus nur langfristig; Kurverwaltungsneubau am Rosenplatz umstritten

- **Konkurrenz mit anderen Mittelgebirgsorten**: einige Orte haben klares Profil entwickelt, ansonsten eher größerer Rückgang als Baiersbronn

- **"Anlage"**: Aspekte für die Auswahl des Urlaubsortes, Deutschland

4. Sitzung am 26. Juli 1990

- Zur Vorbereitung: **Ausarbeitung der Ideengruppe**, betrifft alle Punkte der Sitzung

- **Zielgruppen-Frage**: "Idealgast" (ruhig gehobene Ansprüche in Gastronomie/Hotellerie), jüngerer Gast (aktiver, gute Ergänzung zu Idealgast), "infrastrukturintensiver Gast" (ergäbe Konflikte)

- **Aufenthalt der Gutachter vor Ort**: Verkehrsproblematik (Hauptort, Mitteltal und entlang B 462), Kureinrichtungen (KV-Neubau, Kurbad/Kurhaus), Nutzung Schelklewiese, Freizeiteinrichtungen (Freibad Obertal, Golfplatz), Wegebeschilderung (mangelhaft, Konflikte entlang "Tour de Murg")

5. Sitzung am 26. Juli 1990

- Zur Vorbereitung: **Diskussionspapier Landschaftspflege:** Notwendigkeit der Offenhaltung, verschiedene Intensitätsgrade bei der Wiesenpflege, Verwertung des Schnittguts, Zusammenhang zwischen Landwirtschaft und Tourismus

- **Ausstellung** des Regionalverbandes des **"Offenhaltung von Wiesenflächen",** Begriff der Mindestflur

- **Offenhaltung** als Grundkonsens, Mähgut möglichst in Kreislauf einbinden

- **Direktvermarktung** seitens der Gastronomie wegen Qualitätsanspruch der Gäste kaum möglich

- **bisheriges Konzept der Gemeinde** erfolgreich, in Zukunft eventuell hohe Kosten

- **Fremdenverkehr und Landwirtschaft** können in Urlaub auf den Bauernhof, Direktvermarktung und in gegenseitigen Profit vom Offenhalten der Landschaft verbunden werden

6. Sitzung am 19.12.1990

- Zur Vorbereitung: **Diskussionspapier Kooperation** von **Landwirtschaft** und **Fremdenverkehr,** mögliche Maßnahmen des Fremdenverkehrs: Direktvermarktung, Förderung der Landwirtschaft durch den Tourismus

- Vorstellung von **Initiativen anderer Orte,** z.B. Ökomodell Hindelang, Umweltgütesiegel Kl. Walsertal

- **Fremdenverkehr kann Landwirtschaft nur mittelbar stützen,** Überlegungen zu einer Aktionswoche zur Themenvertiefung

- Darstellung der **Ergebnisse des Aufenthalts vor Ort** mit Dias (vgl. 4. Sitzung), Aufwertung der Ortseinfahrten, Bau der Umgehungsstraße, Fluglärm, Vorschlag, Schelkwiese als Ruhezone im Motto "Natur als Kur", Freihalten der Wiesentälchen vor Bebauung etc.

7. Sitzung am 21.3.1991

- **Expertenbefragung Fremdenverkehr für die Zukunft:** Problem der Überalterung der Gäste im Mittelgebirge, Qualität statt Quantität, Gästebetreuung und -service wichtig, da Infrastruktur oft ähnlich

- **Fragebogenaktion:** Befragung der Prospektanfrager und der Gäste, auch zu Maßnahmenvorschlägen seitens der Gutachter

8. Sitzung am 29.5.1991

- **Rahmenbedingungen für Urlaub in Baiersbronn** (Referat): Zweit- und Drittreisen sowie Kurzreisen bedeutend, potentielle neue Zielgruppen, Anregungen, z.B. gestiegenes Umweltbewußtsein und Qualitätsansprüche nutzen

- Darstellung der bisherigen Arbeit der Gutachter **Stärken-Schwächen-Profil** und **Maßnahmen-Vorschläge** (vgl. Karten zu Kap. III)

9. Sitzung am 16.7.1991

- **Information über die Gästebefragung**

- **Erörterung der Ziele für die touristische Entwicklung** (Fragebögen an die Mitglieder des AK, vgl. Anhang), Kontroverse Diskussion der Ziele in den verschiedenen Angebotsbereichen

10. Sitzung am 28.8.1991

- Fortsetzung der Diskussion über **Ziele und Maßnahmen für die touristische Entwicklung** in Baiersbronn (vgl. Auswertung der Fragebögen an die Arbeitskreismitglieder, im Anhang)

- **Ortsprospekt-Neugestaltung:** Verbesserung der Übersichtlichkeit, Vermitteln von Inhalten, Vergleichbare Darstellung der Teilorte, "Roter Faden" durch Farbgebung und Struktur, Herausstellen von Typischem, Straßenplan für alle Teilorte, Titelblatt als Visitenkarte

11. Sitzung am 26.11.1991, gemeinsame Sitzung beider Arbeitskreise

- **Berührungspunkte und eventuelle Zielkonflikte** zwischen Fremdenverkehrs- und Landschaftsplanung, touristische Vorhaben in der Landschaft, z.B. Golfplatz, Kurbad etc.; Erhaltung der Mindestflur; Abgl.. der Planungen mit Darstellung von Konflikten

- **Beurteilung** im Flächennutzungsplan **ausgewiesenen Bauflächen und Aufforstungsflächen** aus der Sicht der beiden Planungen (vgl. Kap. II. 2.5, A.2 und II. 2.6)

- Vorschlag für einen **"Ausschluß Fremdenverkehr"** als beratendes Gremium für den Gemeinderat, in Anlehnung an früher existierenden "Kurbeirat"

- **keine Themen,** die in den AKs zu kurz gekommen sind

7.2.2   Anwendbarkeit der Fremdenverkehrsplanung in den Kommunen, Steuerungsmöglichkeiten der kommunalen Fremdenverkehrsplanung

Die erarbeiteten Fremdenverkehrsplanungen sind Fachpläne aus der Sicht der kommunalen Tourismuspolitik und der Tourismusanbieter. Sie haben, wie der Landschaftsplan, keine rechtliche Verbindlichkeit und sind darüber hinaus, anders als der Landschaftsplan, nicht in einen gesetzlichen und institutionalisierten Rahmen eingebunden.

Die Gemeinden Bad Zwischenahn und Süsel haben durch die Fremdenverkehrsplanung ihre tourismuspolitischen Ziele formuliert und sich per Ratsbeschluß auf diese Ziele verständigt. Damit werden die Inhalte der Fremdenverkehrsplanung - vorbehaltlich anderslautender Ratsbeschlüsse - zur Vorgabe des Handelns von kommunalem Rat und Verwaltung. Durch die zeitgleiche Aufstellung von Fremdenverkehrsplan, Landschaftsplan und Flächennutzungsplan in Bad Zwischenahn und Süsel ergeben sich Möglichkeiten zur Zusammenarbeit, zur Abstimmung von Planungszielen. Nach Abwägung mit anderen raumwirksamen Planungen besteht so die Möglichkeit, Teile der Fremdenverkehrsplanung in den Flächennutzungsplan aufzunehmen, die damit an dessen Bindungswirkung teilnehmen. Die Bindungswirkung des Flächennutzungsplanes besteht gegenüber der verbindlichen Bauleitplanung und gegenüber Fachplanungen und Verwaltung. Dieser formal stärkste Weg der Verbindlichkeit darf bezüglich seiner Realisierungsmöglichkeiten fremdenverkehrsplanerischer Ziele und Verkehrsplanungen aber nicht überschätzt werden.

Für eine Vielzahl (wichtiger) planerischer Ziele und Maßnahmen erscheint eine direkte Integration in den Flächennutzungsplan nicht möglich. Die Flächennutzungsplanung ordnet die Nutzungsansprüche raumbedeutsamer Planungen. Ihre Darstellungen betreffen insbesondere Art und Umfang der Bebauung (Ausweisung von Bauflächen ggf. mit Geschoßflächenzahlen sowie Trassen für Verkehr, Ver- und Entsorgung) bzw. im Umkehrschluß den Ausschluß von Bebauungsmöglichkeiten. Der letztgenannte Punkt ist für die Fremdenverkehrsplanung von Interesse: Die Flächen, die aus Sicht der Fremdenverkehrsplanung als wichtige Erholungslandschaft gesichert werden sollen, können durch eine entsprechende Festsetzung im Flächennutzungsplan vor Bebauung und Zerschneidung durch Verkehrs- oder Versorgungstrassen freigehalten werden. Darüber hinaus ist eine Festsetzung von Gebieten mit Sondernutzung "Erholung" möglich und damit die Sicherung von Flächen für entsprechende Infrastruktur.

In diesen beiden Punkten erschöpfen sich jedoch die Möglichkeiten einer Umsetzung tourismusplanerischer Inhalte in der Flächennutzungsplanung. Anderen, ebenfalls sehr wichtigen Teilen der Fremdenverkehrsplanung, bleibt dieser Weg verschlossen. Wesentliche Inhalte der Fremdenverkehrsplanung betreffen qualitative Aspekte (u.a. Umweltqualität, Qualität des Landschafts- und Ortsbildes, Ruhe, Stil- und Imagefragen), die sich den Festsetzungsmöglichkeiten der Flächennutzungsplanung weitgehend entziehen.

So sind die Zielaussage "Sicherung und Entwicklung einer attraktiven Erholungslandschaft, Sicherung einer ausreichenden Wasserqualität" sowie die zugeordneten Maßnahmen in der Flächennutzungsplanung nicht unterzubringen. Hier lassen sich ausschließlich Festsetzungen treffen, die dem Ziel grob widersprechende Nutzungen ausschließen. Dabei soll nicht verkannt werden, daß durch Darstellungen im Flächennutzungsplan, die in verbindlichen Bebauungsplänen zu konkretisieren sind, auf Umweltqualitätsziele mittelbar Einfluß genommen werden kann (z.B. Gestaltungssatzung, Pflanzgebote). Weder Fremdenverkehrsplan noch Flächennutzungsplan verfügen jedoch über die Instrumentarien, die qualitativen Ziele durchzusetzen. Zur Umsetzung eines großen Teiles der touristischen Ziel- und Maßnahmenvorstellungen bedarf es einer Überzeugung Dritter: Insbesondere ist es erforderlich, die Fachplanungen (z.B. Straßenbau, Landwirtschaft), die kommunalen Ämter, die Interessengruppen (Gewerbe- und Handelsverband, Heimatverein etc.) und Einzelpersonen zu überzeugen und zum Handeln entsprechend der Ziele der Fremdenverkehrsplanung zu bringen. Diese Feststellung betont nochmals die Wichtigkeit des diesem Vorhaben zugrundeliegenden Arbeitsansatzes, die Überzeugung der Betroffenen und der örtlich Handelnden in den Vordergrund zu rücken.

So erfordert beispielsweise das Ziel "Sicherung der Wasserqualität" (Beispiel Zwischenahner Meer) eine Veränderung der landwirtschaftlichen Nutzung im direkten Oberflächenwasser-Einzugsbereich (verbunden mit Ertragseinbußen), die Veränderung der bestehenden Abwassertechnik (verbunden mit hohen Kosten für Land und Kommune) und evtl. auch die Veränderung der derzeitigen Nutzung des Gewässers (Schutz der Röhrichtbestände, d.h. unter Umständen Reglementierung der Surfmöglichkeiten, verbunden mit kommunalpolitischen Schwierigkeiten). Dies eine Beispiel macht schon deutlich, wie begrenzt die direkten Einflußmöglichkeiten der Fremdenverkehrsplanung und der auftraggebenden Kommune auf das tourismusrelevante Handeln sind.

Kommunale Festsetzungs- und Umsetzungsmöglichkeiten fremdenverkehrsplanerischer Inhalte (am Beispiel der Fremdenverkehrsplanung Bad Zwischenahn)

Am Beispiel der Hauptinhalte der Fremdenverkehrsplanung Bad Zwischenahn wird dieser Sachverhalt durch die in Abbildung 17 enthaltene Auflistung verdeutlicht. Es wird dargestellt, welche Inhalte in den Flächennutzungsplan eingehen können und wo darüber hinaus kommunale Handlungsmöglichkeiten bestehen. Dabei wird die geringe Einflußmöglichkeit über die Bauleitplanung erkennbar. Nur der touristische Angebotsbestandteil "Landschaft" ist - in Teilbereichen - über die Flächennutzungsplanung beeinflußbar.[15]

---

[15]   Die Inhaltsübernahme in den Flächennutzungsplan beschränkt sich im wesentlichen auf die Berücksichtigung der landschaftsbezogenen touristischen Zielaussagen. Hier ist sicherzustellen, daß dem touristischen Ziel "Sicherung und Entwicklung einer hochwertigen Erholungslandschaft" in der Flächennutzungsplanung keine anderslautenden Ausweisungen (z.B. Baugebiete, Straßentrassen) entgegenstehen.

Vorschläge Fremdenverkehrs-planung Bad Zwischenahn (Ziele/Maßnahmen)	Umsetzungsmöglichkeiten der Gemeinde	
	Flächennutzungsplan	sonstige Handlungsmöglichkeiten
Sanierung des Zwischenahner Meeres	- / -	nein, nicht direkt; Gemeinde bemüht sich beim Land
Sicherung der Erholungslandschaft	keine Festlegung wider-sprechender Flächen-nutzungen	nur sehr bruchstückhaft, Gemeinde müßte kaufen/pachten, kann allerdings die Ziele bewerben - vor allem bei der Landwirtschaft
Sicherung und Entwicklung bestimmter Landschaftsteile	- dto. -	ja, im Rahmen von Ausgleichs- und Er-satzmaßnahmen
Erschließung von Erholungslandschaft	- dto. -	ja, Anlage von Infrastruktur
umweltverträgliche touristische Entwicklung (bei Neubau)	Ausweisung von Tabu-Flächen	ja, Standortentscheidung auf Grundlage einer qualifizierten UVP, Auflagen beim Genehmigungsverfahren
umweltverträgliche touristische Nutzung/Betrieb bestehender Einrichtungen	- / -	nur bedingt, Produktlinienanalyse und Optimierung der gemeindeeigenen An-lagen und Betriebe, Kurklinik, Verwal-tung darüber hinaus: Bewerbung entspre-chender Maßnahmen, zur Verfügung stellen von Know-how
Ergänzung des touristischen Angebotes	- / -	nur indirekt, Anwerbung von Investo-ren
Entwicklung innerörtlicher Aufenthaltsqualität, Ortsgestal-tung, Fassaden, Ortseingänge	- / -	ja, zu einem gewissen Teil: über Ver-kehrsplanung, Gestaltungssatzungen, Initiierung von Maßnahen, Bewerbung von Privatinitiativen, Auslobung von Wettbewerben, Prämierung besonderer Maßnahmen, zur Verfügung stellen von Know-how und Material Genehmigungspolitik/Auflagen für Ver-anstaltungen
Gastgewerbe, Service, Marketing	- / -	nur bedingt, über die Kurverwaltung, privates Gastgewerbe nur durch Über-zeugungsarbeit

Abb. 17:　Kommunale Festsetzungs-/Umsetzungsmöglichkeiten fremdenverkehrsplanerischer Inhalte am Beispiel der Fremdenverkehrsplanung Bad Zwischenahn

Das vielleicht wichtigste umweltpolitische Ziel, der Schutz und die Entwicklung der Erholungslandschaft, ist von der Gemeinde selbst nur bedingt umzusetzen. Allerdings besteht bei konsequenter Handhabung des Instrumentariums der Bauleitplanung ein Einfluß auf die Entwicklung und Sicherung der Erholungslandschaft (z.B. Verkehrsberuhigung, Verkehrslenkung), der hier nicht unterschätzt werden soll. Auf die dominanten Einflußgrößen der landwirtschaftlichen und forstwirtschaftlichen Flächennutzung, kann die Gemeinde nur über Erwerb oder Zupacht Einfluß nehmen. Eine Alternative wären die schon genannten Teilfinanzierungen touristisch gewünschter Flächennutzungen aus den touristischen Einnahmen heraus.

Alle anderen Inhalte des Fremdenverkehrsplanes werden über die vorbereitende Bauleitplanung nicht oder nur marginal transportiert. Dies gilt für nahezu alle touristischen Kernaufgaben (Marketing und Zielgruppenwahl, Angebotsgestaltung im Gastgewerbe, Service und innerörtliche Qualität). Nur ein gewisser Teil dieser Ziele und Maßnahmen liegt überhaupt innerhalb der kommunalen Handlungsmöglichkeiten. Dies gilt für die kommunal betriebenen Anlagen sowie die Handlungen von Verwaltung, Fremdenverkehrsamt bzw. Kurverwaltung. Hier können gestalterische und organisatorische Maßnahmen der Gemeinde direkt greifen.

Ein wichtiges touristisches Handlungsfeld liegt im Bereich der Ortsgestaltung. Hier hat die Gemeinde über die verbindliche Bauleitplanung, Nutzungsverordnungen, Satzungen und die Genehmigungspraxis gewisse Möglichkeiten. Darüber hinaus kann der Bereich der privaten Gestaltung durch Wettbewerbe, Information und Werbung beeinflußt werden.

Manche Beispiele anderer Gemeinden ermutigen zu diesem Vorgehen. Offensichtlich kann es durch entsprechende Informationen und durch Werbung gelingen, effektive Maßnahmenbündel aus kommunalen und privaten Initiativen zu schnüren. Eventuell ist auch Know-how oder Material zur Verfügung zu stellen. Dieses Vorgehen bindet viel Arbeitskraft. Finanzielle Restriktionen werden einer Umsetzung gewisse Grenzen setzen. Bad Zwischenahn geht hier im Bereich der Ortsbildgestaltung sehr weit. Die verkehrsplanerische Neuordnung wird genutzt, touristisch begründete Maßnahmen umzusetzen (Verlegen von Parkplätzen, Verbreiterung der Fußwege, Durchgrünung).

Wichtige Teile touristischen Handelns liegen außerhalb der direkten kommunalen Einflußnahme. Dies gilt für Angebotsgestaltung und Qualität des Gastgewerbes und hier insbesondere für die Zielgruppenpolitik. Einzelne Hotels bzw. Gastronomiebetriebe können u.U. mit ihrer eigenen Werbung die touristische Strategie eines Ortes empfindlich stören.

Nicht alle Zielgruppen passen schließlich zusammen. Hier müssen (zumindest bei kleinen Gemeinden) die touristischen Anbieter an einem Strang ziehen (so passen beispielsweise Kegelclubs nur bedingt in ein Heilbad).

Ein weiterer Bereich, der für Tourismusgemeinden von zunehmender Bedeutung ist, ist gleichzeitig von der Kommunalpolitik in weiten Teilen kaum zu beeinflussen: die Verkehrspolitik.

Erreichbarkeit und Mobilität einerseits, Ruhe vor Verkehrslärm im Erholungsort andererseits bilden wichtige touristische Angebotsbestandteile. Diese brennen den Tourismusgemeinden angesichts der wachsenden Verkehrsströme zunehmend auf den Nägeln. Zur Sicherung der innerörtlichen Qualität sind neue, regionale Verkehrskonzepte erforderlich. Die Gemeinden können gleichsam als "Inseln im Strom der Verkehrspolitik" nur sehr begrenzt eigene verkehrstechnische Alternativen entwickeln.

Die beispielhafte Auflistung der über eine Fremdenverkehrsplanung **mittelbar** steuerbaren Handlungsbereiche hat aufgezeigt, daß es um die Möglichkeiten zur kommunalen Einflußnahme u.U. bei entsprechenden Initiativen nicht so schlecht bestellt ist. Es darf jedoch nicht aus den Augen verloren werden: Der Fremdenverkehrsplan selbst hat nur eine äußerst geringe direkte Durchsetzungskraft - er braucht Akteure, die seinen Inhalt transportieren. Diese Tatsache macht die Arbeit mit einer begleitenden Arbeitsgemeinschaft so eminent wichtig. Ohne örtliche Akzeptanz und Initiative, ohne die Überzeugung Dritter und die Instrumentalisierung des Handelns Dritter für die Ziele der Fremdenverkehrsplanung passiert gar nichts - und wie sonst sollte diese Basis geschaffen werden, wenn nicht durch intensive Zusammenarbeit, möglichst von Beginn an?

Eine letzte Anmerkung zu den nicht verankerbaren, nicht unmittelbar umsetzbaren (sogenannten "überschießenden") Inhalten der Planung: Es kann durchaus wünschenswert sein, auch Ziele zu nennen, für deren Umsetzung z.Z. keine Möglichkeit gesehen wird. Die Rahmenbedingungen können sich ändern und vielleicht ist es überraschend ganz wichtig, in einigen Bereichen etwas vorgedacht zu haben. Und Visionen können ja auch manchmal etwas bewirken.

7.2.3   Aus dem Vorhaben ableitbare Empfehlung für das Instrument der Fremdenverkehrsplanung

Die Zusammenarbeit mit der Landschaftsplanung und die Koordinierung beider Planungen erscheint - so wie sie im E+E-Vorhaben konzipiert wurde - tragfähig und empfehlensewrt. Gleiches gilt für die Betonung der Zusammenarbeit mit den touristischen Akteuren der Gemeinde. Nach den Erfahrungen aus den Modellplanungen wird empfohlen, der Arbeit auf der Ebene von Akzeptanz und Vollzug einen gleichen Stellenwert einzuräumen wie der analytisch-planerischen Arbeit.

Die Modellplanungen haben gezeigt, daß bei den örtlichen Tourismusexperten, bei touristischen Anbietern, Verwaltung, Vereinen und Verbänden ein Großteil der relevanten Information zur touristischen Bestandsanalyse vorhanden sind. So können Teile der touristischen Stärken- und Schwächenanalysen auf die Ergebnisse der AG-Arbeit und der Gespräche mit "Schlüsselpersonen" abgestellt werden. Diese Gepräche sollen nicht nur der Materialsammlung dienen, sondern auch der Strukturierung der Arbeit. Es ist ganz wesentlich, frühzeitig entscheiden zu können, welche Fragestellungen (und welche damit verbundenen Antworten) im Mittelpunkt der Aufmerksamkeit stehen sollen und welche weniger relevanten Themen eher am Rande zu behandeln sind. Die Planungspraxis zeigt, daß häufig Gutachten mit einem hohen Analyseaufwand recht wenig "bewegen" - eine Gefahr, die auch in den modellhaften Fremdenverkehrsplänen im E+E-Vorhaben deutlich wurde. Es erscheint sinnvoll, die Ortskenntnisse der Betroffenen und örtlich Erfahrenen als "Filter" mitzunutzen, der die Arbeits-schwerpunkte aus der großen Palette denkbarer Fragestellungen auswählt.

Die Erfahrungen zeigen, daß häufig tourismusrelevante Fragestellungen in den Gemeinden akut anhängig sind. In diesen Fällen ist es in der Regel nicht möglich, Planungen bzw. Maßnahmen so lange herauszuzögern, bis die Analysephase einer Fremdenverkehrsplanung abgeschlossen ist. Der Versuch einer Steuerung oder Beeinflussung dieser Prozesse ist aus der Sicht der Fremdenverkehrsplanung wünschenswert, zur Sicherung der touristischen Ziele häufig sogar erforderlich. Dies gilt in ganz besonderem Maße für die Gegebenheiten in den neuen Bundesländern, wo kurzfristig durch unterschiedliche Maßnahmenträger bereits Tatsachen geschaffen werden (vgl. Kap. 8).

Die Planer sollten diesem Umstand Rechnung tragen, indem sie sich schnell über Gespräche mit Schlüsselpersonen orientieren und die Arbeit problembezogen strukturieren.

Um auf die beschriebenen Anforderungen flexibel reagieren zu können, wird es erforderlich sein, einzelne Arbeitsschritte vorzuziehen, schnell in die Steuerung politischer und planerischer Prozesse hereinzukommen und möglicherweise schon früh in die Initiierung von Maßnahmen einzusteigen.

Die traditionelle sequentielle Arbeitsweise einer Abfolge von Analyse (detailliert, über alle touristischen Infrage-stellungen hinweg), Zielfindung und Ableitung von Maßnahmen ist zugunsten einer in ihrer Arbeitsintensität problembezogenen, zeitlich flexiblen Arbeit zu modifizieren.

Die Bearbeiter empfehlen in diesem Zusammenhang die Vorschaltung einer drei- bis sechsmonatigen Pilotphase

- zur Konkretisierung des Leistungsbildes (Formulierung eines problembezogenen Arbeitsprogrammes, das denn auch eine Präzisierung des erforderlichen Zeitaufwandes und der Kosten zuläßt),
- zur Initiierung erster Handlungen (Antworten auf drängend anstehende Probleme).

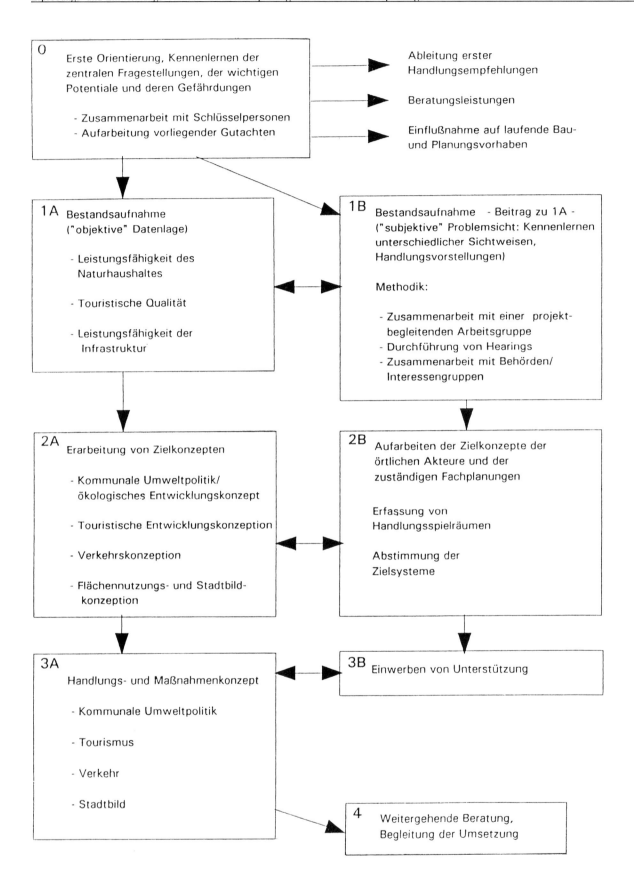

Abb. 18:   Empfohlene Arbeitsstruktur einer Fremdenverkehrsplanung

In dieser Phase ist, auf Basis von Gesprächen mit Schlüsselpersonen und ersten Bestandsaufnahmen, die Aufgabenstellung und die zur Lösung der Aufgaben erforderliche Grundlagenermittlung zu präzisieren. In einer solchen "Problem-Definitionsphase" ist:

1. bestehendes Material zu sichten und auf erforderliche Ergänzungen oder Aktualisierungen zu überprüfen und Informationsdefizite im Hinblick auf die anstehenden Fragen zu identifizieren,

2. über Gespräche mit fachlich kompetenten Schlüsselpersonen eine Übersicht über die anstehenden Aufgaben sowie bereits angedachte oder erprobte Lösungsmöglichkeiten zu gewinnen (und damit auch wichtige Schlüsselpersonen von Beginn an in den Prozeß der Begutachtung zu integrieren),

3. zielgerichtet entsprechend der präzisierten Aufgabenstellungen und der erkennbaren Handlungsmöglichkeiten ein Arbeitsprogramm für die Hauptbearbeitungsphase zusammenzustellen.

Dieses Konzept bietet den Vorteil des zielgerichteten, problembezogenen Vorgehens - aufwendige Bestandserhebungen und Vorarbeiten können so auf die Stellen des höchsten Handlungsdruckes konzentriert und entlang der gegebenen Umsetzungsmöglichkeiten entwickelt werden. Der Gesamtaufwand und die Bearbeitungszeit des Vorhabens wird reduziert, die Effizienz der in der kommunalen Politik konkret umsetzbaren Maßnahmenvorschläge erhöht. Auf der Grundlage einer Voruntersuchung ist eine zielgerichtete Arbeit, ein fachlich fundierter Abstimmungsprozeß mit dem Auftraggeber und nicht zuletzt eine solide Kostenschätzung möglich.

Es ist zu betonen, daß bereits die Voruntersuchung Ergebnisse bringen kann, die zum Ansatzpunkt kommunalpolitischer Aktivitäten gemacht werden können, weil bereits hier Schwächen der aktuellen Situation herausgearbeitet und erste Lösungsansätze entwickelt werden.

7.3   Zur Koordination von Landschafts- und Fremdenverkehrsplanung

Sowohl aus Sicht der Fremdenverkehrsplanung als auch aus Sicht der Landschaftsplanung ist die koordinierte Bearbeitung (vgl. Kap. 6) als außerordentlich hilfreich zu bewerten.

Aus der Arbeit der Landschaftsplanung heraus wird eine Fülle von Informationen für die Fremdenverkehrsplanung zugänglich (vgl. Kap. 6). Hervorzuheben sind die Informationen über den Zustand von Natur und Landschaft (zugänglich machen der Realnutzungskartierung, Darstellung von Beeinträchtigungen, z.B. Verlärmung, Wasserverschmutzung, Zerschneidungseffekte), Hinweise auf besondere Landschaftsqualitäten und besonders empfindliche Landschaftsräume (Hintergrund: touristische Nutzbarkeit).

Zwei aufeinander abgestimmte Planwerke sind für die Gemeinden besser handhabbar als zwei isolierte Planungen mit sich z.T. entgegenstehenden Ziel- und Maßnahmenkonzepten. In einem solchen Fall stehen nämlich Rat und Verwaltung vor der Aufgabe, zwischen den unterschiedlichen Planaussagen abzuwägen. In den drei Modellgemeinden ist es gelungen, bei Konflikten zwischen Landschafts- und Fremdenverkehrsplanung Kompromisse zu finden, die für beide Seiten tragbar erscheinen. Sollte dies in anderen Fällen einmal nicht gelingen, so ermöglicht eine Koordinierung zumindest eine weitgehende Abstimmung und darüber hinaus eine Aufarbeitung der Konflikte für eine dann qualifizierte politische Abwägung durch die Ratsgremien.

Die Landschaftsplanung war für die Fremdenverkehrsplanung also nicht nur eine "Kontrollinstanz", die den Rahmen der denkbaren Entwicklungen vorgibt (eine Rolle, die der Landschaftsplanung den schon beschriebenen Ruf der "Verhinderungsplanung" brachte). Die Hinweise auf besondere und schöne Landschaftsräume bildeten für die Fremdenverkehrsplanung auch wertvolle Anregungen.

Noch ein weiterer Arbeitszusammenhang wird als außerordentlich wichtig angesehen. Dem Landschaftsplaner werden Belastungen der Erholungslandschaft schneller deutlich als dem Touristiker. Dies ist insbesondere dann bedeutsam, wenn es um schleichende Prozesse geht, die einem Laien aktuell nicht auffallen, aber langfristig deutlich erkennbar sind und damit touristisch wirksame Effekte auslösen (Beispiel: Eutrophierung, Entwässerung). Spielen die beeinträchtigten/gefährdeten Landschaftsteile touristisch eine bedeutsame Rolle, wird die Fremdenverkehrsplanung die landschaftsplanerischen Informationen aufnehmen und ihrerseits Schutz- und Entwicklungsmaßnahmen zur Sicherung von Erholungslandschaft vorschlagen. Hier besteht eine Bündnispartnerschaft in beiderseitigem Interesse. Die Landschaftsplanung findet so in der Fremdenverkehrsplanung einen Partner, der den umweltplanerischen Zielen zu mehr Durchschlagskraft verhelfen kann.

In den Modellgemeinden des E+E-Vorhabens wurde der kommunale Abstimmungsprozeß durch die koordinierten Planungsinhalte spürbar erleichtert, der Rat konnte beide Pläne als "Paket" abstimmen. Es mußten keine Diskussionen mehr über "Tourismus versus Naturschutz" geführt werden.[16] Durch die Arbeit mit dem Landschaftsplan und durch die Einbeziehung der Landschaftsplanung in die Fremdenverkehrsplanung von Beginn an wurden in Bad Zwischenahn sogar Fronten zwischen Gemeinde und behördlichem Umweltschutz abgebaut und die Akzeptanz der kommunalen Zielvorstellungen bei der Naturschutzbehörde erhöht.

Während bei der Bearbeitung des E+E-Vorhabens die Erwartung im Vordergrund stand, die Fremdenverkehrsplanung würde in der Koordinierung mit der Landschaftsplanung dieser zu einer stärkeren Position innerhalb der Kommunalpolitik verhelfen, trat zusätzlich auch der Umkehrfall ein: Die Gemeinden erkennen, daß Planung und

---

[16]   Allerdings mit Ausnahme des Campingplatzprojektes in Süsel; hier konnten die Planer zwar einen Kompromiß finden, der jedoch kommunalpolitisch sehr umstritten ist.

Maßnahmen zunehmend vor <u>Legitimationsproblemen</u> stehen, denen u.a. durch eine frühzeitige Abstimmung der Vorhaben mit den Belangen von Natur- und Umweltschutz begegnet werden kann. Durch einen Rückkoppelungsprozeß innerhalb der Zusammenarbeit im E+E-Vorhaben konnte sich die Fremdenverkehrsplanung bei der Landschaftsplanung versichern, daß die touristischen Zielvorstellungen und Maßnahmenvorschläge nicht im Widerspruch zu den landschaftspflegerischen Zielen stehen.

Im Laufe des E+E-Vorhabens wurden die Vor- und Nachteile der zeitgleichen Zusammenarbeit bzw. eines zeitversetzten Arbeitsbeginns von Landschafts- und Fremdenverkehrsplanung diskutiert, ohne daß eine allgemeine Empfehlung ausgesprochen werden kann. Eine gleichzeitige und parallele Bearbeitung hat organisatorische Vorteile und dokumentiert eine gleichgewichtige Planung "aus einem Guß". Indes sprechen auch Gründe für einen zeitlichen Vorlauf der Landschaftsplanung zum Zwecke von Kartierungen und Bestandsaufnahmen. Diese zeit- und arbeitsaufwendigen Leistungen bilden die Arbeitsgrundlage sowohl für die Wirtschaftsplanung als auch für die Fremdenverkehrsplanung. Allerdings benötigt auch die Fremdenverkehrsplanung eine Phase der Bestandsaufnahme, so daß - sollten nicht besonders aufwendige Kartierungen für die Landschaftsplanung erforderlich sein - eine zeitlich parallele Bearbeitung beider Planungen angestrebt werden sollte.

Aus den Erfahrungen des E+E-Vorhabens ist die in Kapitel 6 dargelegte Koordinierung dieser Planwerke zu empfehlen. Die Schwerpunkte dieser Zusammenarbeit liegen, neben dem Informationsaustausch, in der Phase der Bestandsaufnahme auch in der Abstimmung der Ziele und Maßnahmen. Als sinnvoll hat es sich erwiesen, die Zielsysteme zunächst getrennt voneinander zu entwickeln und erst in einem zweiten Arbeitsschritt abzugleichen. So sind Kompromisse als solche erkennbar, die fachplanerischen Ziel-Vorstellungen werden jeweils deutlich.

In dem Prozeß des Abgleichens und der Suche nach Kompromissen wurden in den Modellplanungen die projektbegleitenden Arbeitsgruppen einbezogen. In Bad Zwischenahn und Baiersbronn wurde die Abstimmung beider Planwerke auf einer gemeinsamen Sitzung beider Arbeitsgruppen diskutiert. So wurde Verständnis für die Belange der jeweils anderen Fachplanung geweckt und der Kompromiß auf eine breitere Basis gestellt. Allerdings waren die Zielkonflikte bemerkenswert gering.

<u>Umgang mit Zielkonfliken</u>

Der Arbeit im E+E-Vorhaben lag die These zugrunde, die Schnittmenge gemeinsamer Interessen von Landschaftspflege sei hoch. Gleichzeitig ist bekannt, wie wenig Rücksicht in der Regel bei einer touristischen Entwicklung auf Natur und Landschaft genommen wird. Es war mit ein Grund für die koordinierte Erarbeitung von Landschafts- und Fremdenverkehrsplanung, Konflikte aufzuarbeiten und die Schnittmenge gemeinsamer Interessen zu erhöhen. Die nun im Nachhinein festgestellte geringe Konfliktschärfe ist auf unterschiedliche Gründe zurückzuführen.

Der beobachtete Effekt ist als ein Erfolg der gewählten Arbeitsweise zu bewerten. Die gemeinsame Arbeit schärft den Blick und schafft Verständnis für die Anliegen der jeweils anderen Fachdisziplin. Dies disponiert die Planer für die Suche nach jeweils verträglichen Zielen und Maßnahmen.

Das harmonische Zusammengehen war aber auch durch die planerischen Rahmenbedingungen in den Modellgemeinden gegeben. In Bad Zwischenahn und Baiersbronn ist der Tourismus vor allem auf landschaftsbezogene Angebote abgestellt. Großprojekte oder Planungen, die mit Belastungen der Erholungslandschaft einhergehen, passen ohnehin nicht in dieses Umfeld. Es ist ein Verdienst der fertiggestellten Planungen, diese Rahmenbedingungen angemessen berücksichtigt zu haben. Die Planungsaussagen stützen die These, daß eine touristische Entwicklung ohne Berücksichtigung der gegebenen Rahmenbedingungen des Landschaftshaushaltes nicht mehr vorstellbar erscheint. Durch die Planungen wurde diese Tatsache dokumentiert und auf die entsprechenden kommunalpolitischen Erfordernisse hingewiesen. Namentlich wurden landschaftsplanerische Inhalte durch die Fremdenverkehrsplanung aufgenommen, z.B. wenn es als erforderlich angesehen wurde, touristisch bedeutsame Erholungslandschaften zu sichern und zu entwickeln.

Dies gilt in Bad Zwischenahn z.B. für die Wasserfläche und Uferbereiche des Zwischenahner Meeres (Ziel: Sicherung der Badewasserqualität, Sicherung und Entwicklung erlebnisreicher Uferstreifen durch Reduzierung der Schadstoffeinträge, Schutz der Röhrichtbestände vor Betreten, Befahren, Wellenschlag) und für die Sicherung der strukturreichen, extensiv genutzten Grünlandbereiche. In Baiersbronn gilt dies beispielsweise für die Entwicklung attraktiver Ortsbilder (Entsiegelung größerer Parkplatzflächen, in den Orten Durchgrünung) und für die Erhaltung des Grünlandes in den Tallagen (Erhaltung einer Mindestflur).

In Süsel war die Sachlage ähnlich, da auch hier die landschaftlichen Bedingungen das touristisch größte Kapital darstellen und auch aus diesem Grunde ein Schutzinteresse besteht. In Baiersbronn und Bad Zwischenahn stehen entwickelte Fremdenverkehrsorte vor der Aufgabe, ihren Erfolg abzusichern. Dabei hat der Umweltschutz zwangsläufig eine Schlüsselposition inne. Süsel dagegen will eine touristische Entwicklung initiieren. Dies ist eine Planungsphase, in der bevorzugt Bausünden begangen werden. In diesem Zusammenhang ist die Zulassung des umstrittenen Campingplatzes zu sehen. Die Gemeinde steht unter ökonomischem Erfolgsdruck und erhofft sich von einer Beherbergungseinrichtung einen spürbaren Anzugeffekt. Im Verlauf dieser Planung ist es nicht gelungen, hier einen unstrittigeren Standort zu finden. Insgesamt ist es jedoch bemerkenswert, wie sehr Süsel seine Entwicklung von Beginn an auf landschaftsverträglichen Tourismus abstellt.

Zusammenfassend soll festgehalten werden, daß das Verständnis einer modernen, problemangemessenen Fremdenverkehrsplanung die Themen Umweltvorsorge, Ressourcenschutz einschließen muß. Da eine erfolgreiche touristische Entwicklung (im weitaus überwiegenden Teil aller Erholungsgemeinden) nur mit attraktiven landschaftsbezogenen Angeboten möglich erscheint, müssen sich die Aussagen der Fremdenverkehrsplanung zwangsläufig auf Ziele und Maßnahmen zur Sicherung und Entwicklung der Qualitäten erstrecken. Diese These wurde mit den Erfahrungen in den drei Modellgemeinden belegt.

8   Anwendung der Erfahrungen aus dem E+E-Vorhaben auf die Landschafts- und Fremdenverkehrsplanung in den neuen Bundesländern

Angesichts der großen wirtschaftlichen Schwierigkeiten in den neuen Bundesländern (Stichwort Arbeitslosigkeit) und der entsprechend großen Hoffnungen, die auf die "Erwerbsquelle Tourismus" gesetzt werden, ist die Gefahr groß, daß sich die Entscheidungsträger allzuleicht über Bedenken von Seiten des Umwelt- und Naturschutzes hinwegsetzen, wenn umweltbelastende Vorhaben einen "wirtschaftlichen Erfolg" versprechen.

Die verfügbaren Ressourcen zur Finanzierung von Planungen sind knapp, gleichzeitig bleibt wenig Zeit zum Handeln. So liegt der Schluß nahe, daß der mit E+E-Vorhaben gewählte Weg über fundierte Planungen mit einem Zeithorizont von etwa 2 Jahren und einem Finanzbedarf in der Größenordnung von DM 200.000,-- bis 400.000,-- je Gemeinde bezogen auf die Situation in den neuen Bundesländern zumindest ergänzungs- oder änderungsbedürftig ist.

Die derzeitigen Entwicklungen im Fremdenverkehr der ostdeutschen Bundesländer lassen sich - mit einigen Vereinfachungen - vor allem auf zwei Hauptproblemfelder reduzieren:

1. Die laufende touristische Entwicklung vollzieht sich nicht entlang einer auf Regionen bezogenen, übergeordneten räumlichen und funktionalen Zielbestimmung. Vielmehr herrscht das "Windhundprinzip" in der touristischen Ausbauplanung vor. Die Gemeinden versuchen, unabgestimmte Vorhaben zu realisieren, von denen sie sich Vorteile versprechen, wenn es nur gelingt, zuerst am Markt zu sein. Da dies viele so tun, besteht die Gefahr des Aufbaues touristischer Überkapazitäten. Der vorhandene touristische Markt wird häufig überschätzt.

2. Viele der Vorhaben, von denen man glaubt, daß sie sich schnell auszahlen (Arbeitsplätze, Einkommen), sollen an Stellen und in Formen realisiert werden, die nicht nur zu einer erheblichen Landschaftsbelastung führen, sondern die Gemeinden langfristig auf einen bestimmten touristischen Entwicklungspfad festlegen, den sie nur unter großen Schwierigkeiten wieder verlassen können (ein Großprojekt prägt Image und touristische Nachfrage einer Gemeinde). Durch eine Monostruktur wächst die Abhängigkeit der Gemeinde gegenüber dem Betreiber.

Vor diesem Hintergrund wäre es zwingend notwendig, daß die Träger der Fremdenverkehrspolitik

-   die öffentlich rechtlichen Körperschaften (die Länder, die Gemeinden)
-   die touristisch relevanten Institutionen (DFV, DEHOGA u.a.m.)

einen Ordnungsrahmen schaffen, innerhalb dessen sich die privatwirtschaftliche Investitionstätigkeit vollziehen kann. Im folgenden sollen einige der wichtigsten Elemente eines derartigen Ordnungsrahmens umrissen werden, der sicher weiterer Präzisierung und Abstimmung bedarf, bevor er in der Praxis greifen kann.

Möglichst schnell müssen regionale und kommunale Landschaftspläne den Rahmen für die touristische Entwicklungsplanung abstecken. Zu fordern ist die synchrone Bearbeitung von Landschaftsplänen und Fremdenverkehrsentwicklungsplänen. Auf regionaler wie kommunaler Ebene müssen diese Planungen in ein räumliches Konzept einmünden, das Entwicklungs- und Ordnungsräume festlegt mit dem Ziel, die touristische Nutzung an der Schutzbedürftigkeit der ökologischen Gegebenheiten auszurichten. Im einzelnen bedeutet das:

- Ausweisung von streng geschützten Landschaftsbereichen, die von jeglicher Erholungsnutzung unberührt bleiben müssen ("Tabuzonen" für die touristische Nutzung).

- Ausweisung und Kenntlichmachung von naturnahen Landschaftsbereichen, in denen nur eine eingeschränkte Erholungsnutzung möglich ist.

- Ausweisung und Kenntlichmachung von Landschaftsbereichen, die erholungswirksam und zugleich im Hinblick auf die Ausübung einzelner Erholungsaktivitäten belastbar sind, als Aktivzonen (Schwerpunkträume des touristischen Ausbaus).

- Ausweisung der Ordnungsräume, in denen keine weiteren touristischen Vorhaben realisiert werden sollten, die zu einer Kapazitätsausweitung führen (Sanierungsinvestitionen in den Vordergrund stellen).

Engpässe der touristischen Entwicklung in den neuen Bundesländern liegen vor allem in der mangelnden Grundausstattung im Bereich der Beherbergung und Gastronomie. Diese Grundausstattung muß vor allem in den Siedlungsräumen geschaffen werden, nicht in der Landschaft. Lediglich bestehende touristische Einrichtungen im Außenbereich sollten saniert und modernisiert werden.

Dennoch interessieren sich zahlreiche Investoren für "landschaftliche Filetstücke", um hier Großhotels, Golfplätze und ähnliche Projekte zu realisieren. Diesen Investoren müssen rechtzeitig "Grenzen" gesetzt werden.

Den betroffenen Kommunen muß deutlich werden, daß die Standortflexibilität für solche Vorhaben groß genug ist, so daß sie auch an landschaftlich unbedenklichen Stellen realisiert werden können (dies allerdings immer auch mit der "Gefahr", daß die unbedenklichen Standorte evtl. nur in der Nachbargemeinde zu finden sind).

Größer noch als die Gefahr der landschaftszerstörenden Standortwahl von baulichen Tourismusanlagen ist die Gefahr von touristischen Aktivitäten "am ökologisch falschen Platz". In diesem Fall läßt sich auch nicht mit der Gefahr der "touristischen Selbstzerstörung" argumentieren, da hier wertvolle empfindliche Lebensräume, nicht jedoch touristische Erlebniswerte bedroht sind. Zur Abgrenzung solcher "Taburäume" sind unbedingt Fachleute des Naturschutzes heranzuziehen.

Neben den relativ kleinflächigen Taburäumen sind großflächig solche Räume auszuweisen, die nur stillen Formen der Erholung vorbehalten bleiben sollen (Naturerholungsgebiete). Da die Trennung von "ruhigen" und "lauten" (betriebsamen, mit hoher Besucherdichte verbundenen) Erholungsaktivitäten auch im Interesse der Gäste liegt, zielen hier ökologische und touristische Belange in die gleiche Richtung.

Parallel sollten jedoch auch ökologisch belastbare Räume ("Kulissenräume") ausgewiesen werden, in denen das Erholungsgeschehen in der freien Landschaft ohne Lenkung vonstatten gehen kann, weil hier keine schützenswerten Naturqualitäten "auf dem Spiel" stehen. In diesen Räumen wiederum können für bestimmte Anlagen und für massenhaft ausgeübte Erholungsformen "Konzentrationsbereiche" lokalisiert werden, um dem Bedürfnis nach anlagengebundenen Aktivitäten entgegen zu kommen. Die Konzentrationsbereiche sollten sich an folgenden Kriterien orientieren:

- Vorhandene Straßenanbindung

- Anbindung am öffentlichen Verkehr

- Siedlungsnähe, Nutzung vorhandener Gebäude

- Standort auf bisher intensiv genutzter Agrarfläche (sofern landgebundene Tourismusaktivitäten)

- Standort an bisher intensiv (landwirtschaftlich bzw. touristisch) genutzten Ufer- und Seebereichen (sofern wassergebundene Tourismusaktivitäten)

- Meidung von ökologisch sensiblen Bereichen und ästhetisch hochwertigen Ensembles einschließlich genügend breiter Pufferzonen

- Sicherung von ökologischen Rückzugsgebieten (im Rahmen einer großräumigen Zonierung).

Landschaftsplanung und Fremdenverkehrsplanung sollen in den neuen Bundesländern einen Beitrag zum Aufbau eines effektiven Ordnungsrahmens, innerhalb dessen sich Flächennutzungspolitik und privatwirtschaftliche Investitionstätigkeit vollziehen können, leisten. Entsprechend der beschriebenen Bedingungen sollten die Planungskonzepte den Forderungen nach

- schneller Handlungsfähigkeit, Prozeßsteuerung,

- parallel zur Planung und bei der späteren Umsetzung zu leistenden Beratungsdiensten,

- Verankerung von Ressourcenschutz und Vorsorgeplanung in der planerischen Programmatik gerecht werden.

Im Rahmen der Klausurtagung wurde der im folgenden beschriebene und in Abbildung 19 veranschaulichte prinzipielle Verfahrensansatz erarbeitet.

Die Erfahrungen zeigen, daß eine Orientierung über die örtlich anstehenden Probleme (= Planungsaufgaben) am effektivsten über eine Befragung von "Schlüsselpersonen" möglich ist. Die in den Gemeinden bzw. Regionen arbeitenden Menschen wissen sehr genau, wo "es brennt" und kennen möglicherweise auch die bereits erprobten bzw. diskutierten Lösungsansätze. Bei diesen Schlüsselpositionen können die Planer sehr schnell ein umfassendes Bild der Planungsbedingungen "abholen", ohne daß es umfangreicher Bestandsaufnahmen bedarf. Darüberhinaus kann mittels der Gespräche mit "örtlichen Experten" bereits erkennbar werden, wo Umsetzungsmöglichkeiten bzw. Hemmnisse bezüglich einzelner planerischer Vorstellungen bestehen. Als ansprechbare Schlüsselpersonen gelten Mitarbeiter/Vertreter von:

- Verwaltung
- Parteien
- örtlichen Institutionen, Verbänden, Vereinen und Initiativen (z.B. IHK, Vertreter von Handel und Gewerbe, Naturschutzverbänden, Bürgerinitiativen, Kulturgruppen ...)
- Land- und Forstwirtschaft
- sowie möglicherweise auch gut informierte, einflußreiche Einzelpersonen (z.B. ehemaliger Bürgermeister, Pastor)

Aus dem Kreis der beteiligten Schlüsselpersonen sollte eine planungsbegleitende Arbeitsgemeinschaft gebildet werden, die dem Informationsfluß, der Einbindung örtlicher Experten, der Abstimmung von Planungsinhalten und der Einwerbung von Akzeptanz dient.

Die Ergebnisse des ersten Arbeitsschrittes münden ein in eine *parallele* Bearbeitung bestehend aus:
A) einer problem- und kurzfristig handlungsorientierten Beratung und
B) einem fundiert-systematischen planerischen Vorgehen.

Beide Vorgehensweisen sollten von einem Prozeß der Beteiligung/Information der betroffenen Institutionen, Körperschaften, Vereine und Verbände und Initiativen begleitet sein.
Die erste Orientierung wird deutlich machen, wo im Bearbeitungsgebiet schnelle planerische Aussagen erforderlich sind. Die Planer werden in der besonderen Situation in den neuen Bundesländern, wo es überall "brennt" und nur wenige Grundlageninformationen vorliegen, nicht umhinkommen, "erste Pflöcke einzuschlagen": Erste planerische Aussagen werden schon vor Abschluß der Bestandsaufnahme erforderlich sein.

Besonders wichtig wird es sein, schnell eine erste grobe, räumlich differenzierte Nutzungskonzeption zu erarbeiten. Dabei wird es darum gehen, offensichtlich wertvolle und schutzbedürftige Flächen vorläufig für Nutzungszugriffe (insbesondere Überbauung) zu blockieren. Gleichzeitig sind, falls erforderlich, Flächen für dringende Bauvorhaben zu finden. Zur Erläuterung und Begründung dieser Planaussagen sind möglichst schnell

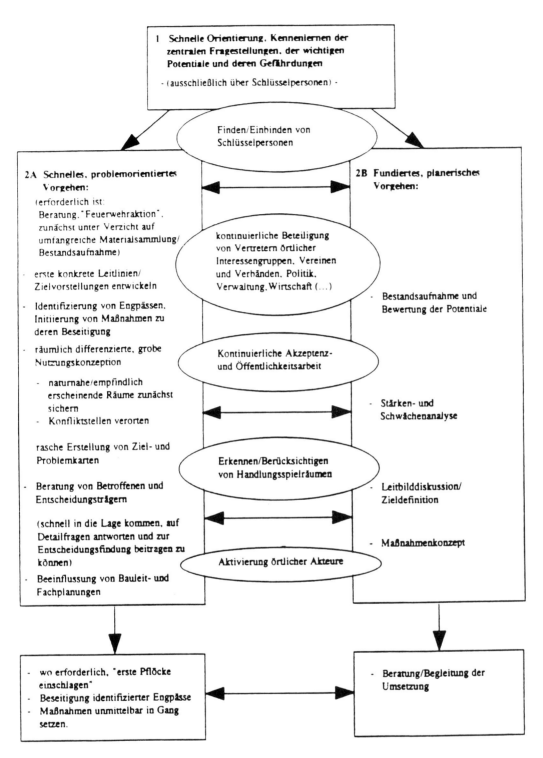

Abb. 19:   Leitlinie zum prinzipiellen Verfahrensablauf der Landschafts- und Fremdenverkehrsplanung in den neuen Bundesländern *"Methodenmix" aus A) schneller Aktion/Reaktion und B) fundierter Planung (Zeithorizont der Arbeit: rd. 2 Jahre)*

erste Leitlinien und Zielvorstellungen zu entwickeln und in der Gemeinde zu diskutieren, auf deren Grundlage eine Beratung von Betroffenen und Entscheidungsträgern erfolgen sollte. Im Rahmen der weiteren Bearbeitung ist das erste, vorläufige Nutzungskonzept zu überprüfen. Der Schritt des fundiert-planerischen Vorgehens wird auf die (Zwischen-) Ergebnisse des probleminduzierten Vorgehens aufbauen können.

Zusätzlich sollten in der Arbeitsphase der kurzfristigen Problembewältigung bestehende Engpässe (z.B. fehlende Informationen über schützenswerte Biotope, fehlende Übersichten über Altlasten, Fehlen des Entsorgungskonzeptes etc.) identifiziert werden und, wenn dringend erforderlich, bereits erste Maßnahmen zur Beseitigung dieser Engpässe angeregt werden.

Die als zwingend erforderlich angesehenen Beratungsleistungen, die Notwendigkeit, schnell auf anstehende Fragestellungen zu reagieren, erfordern eine Präsenz der Planer vor Ort, die über das (im Westen) übliche Maß hinausgeht ("Bauhüttenstrategie").

Als Voraussetzung einer Planaussage ist eine fundierte Zustandsanalyse unerläßlich. Knappe Ressourcen werden es erforderlich machen, auch in der Arbeitsphase des systematischen planerischen Vorgehens von einer flächendeckenden Bestandsaufnahme und Planung zugunsten einer probleminduzierten Verfahrensweise abzurücken, d.h. nur die Fragen bzw. Landschaftsteile zu bearbeiten, für die Planaussagen dringlich erscheinen. Nicht vorstellbar ist es allerdings, aus dem prinzipiellen Arbeitsablauf einzelne Schritte komplett herauszustreichen.

Erforderlich erscheint eine Verknüpfung von Fremdenverkehrs-, Landschafts-, Bauleit- und Verkehrsplanung. Die Mindestinhalte dieser Zusammenarbeit sind gekennzeichnet durch:

- Zusammenarbeit mit der Landschaftsplanung: Information über naturräumliche Nutzungskonzeption (1. Als Resultat einer schnellen, problemorientierten Einarbeitung, 2. Als Resultat aus der Bestandsaufnahme und der Zielkonzeption),
- Darstellung (vorläufiger) Tabuflächen,
- Darstellung von nutzbaren Flächen, Definition von Bedingungen, unter denen bestimmte Nutzungen möglich erscheinen,
- Informationen über natürliche Erholungsqualitäten,
- Abstimmung der Zielkonzepte,
- Zusammenarbeit mit der Verkehrsplanung: Abstimmung der Zielkonzepte, Integration der Erfordernisse an Verkehr aus landschaftspflegerischer und touristischer Sicht,
- Zusammenarbeit mit der Bauleitplanung: Weitestmögliche Integration der Inhalte von Landschafts- und Fremdenverkehrsplanung, Abstimmen der Ziel- und Maßnahmenkonzepte.

Zur Zeit ist zu beobachten, daß westdeutsche Büros in der ostdeutschen Planungslandschaft dominieren. Dies ist politisch wenig wünschenswert und insofern bedauerlich, als daß ein vor Ort vorhandenes Wissen und ein Gefühl für die dortige Situation möglicherweise nicht genutzt wird. Als empfehlenswert gilt eine Kooperation östlicher und westlicher Planungsbüros, um eine möglichst glückliche Synthese aus Regionalkenntnis und örtlicher Präsenz und Erfahrung mit westlichen Strukturen und Verwaltungen zu erreichen ("Tandemstrategie").

Geglaubt wird vor allem, was zu sehen ist - dies gilt umso mehr in der Situation, mit der sich die ostdeutschen kommunalen Entscheidungsträger heute häufig konfrontiert sehen: Es sind Entscheidungen über neue, noch weitgehend unbekannte Handlungsalternativen zu treffen. Gute Erfahrungen wurden in der Planungspraxis mit der Realisierung kleiner "Modelle" zur Veranschaulichung und Initiierung gemacht. Häufig ist es mit relativ einfachen Mitteln möglich, geplante Vorhaben zu simulieren oder auf kleinen Testflächen versuchsweise durchzuführen. Alternativ können andernorts bereits realisierte "Vorzeigemodelle" besucht werden. Vergleichbare kreative Möglichkeiten sollten von den Planern genutzt werden.

9   Zusammenfassung

Mit dem Ziel, dazu beizutragen, die bestehenden Verfahren der Landschafts- und der Fremdenverkehrsplanung zu verbessern und eine Koordinierung dieser Planungsarten zu erproben, hat das Bundesministerium für Umwelt, Naturschutz und Reaktorsicherheit im Januar 1988 die Durchführung eines Erprobungs- und Entwicklungsvorhabens "Landschaftsplanung und Fremdenverkehrsplanung" beschlossen. Eine zunächst in Auftrag gegebene Vorstudie diente der Konkretisierung der konzeptionellen und inhaltlichen Schwerpunkte der Hauptuntersuchung.

Im Rahmen des E+E-Vorhabens wurden für drei in unterschiedlichen Bundesländern und Naturräumen gelegene Fremdenverkehrsgemeinden, nämlich
- Bad Zwischenahn (Niedersachsen),
- Baiersbronn (Baden-Württemberg) und
- Süsel (Schleswig-Holstein)

jeweils von unterschiedlichen Fachbüros modellhaft koordinierte Landschafts- und Fremdenverkehrsplanungen erarbeitet.

Der nun vorliegende Endbericht zum Vorhaben faßt die Ergebnisse der Modellplanungen sowie eines zusätzlich veranstalteten Expertenhearings zusammen, interpretiert die unterschiedlichen Erfahrungen und diskutiert künftige Anwendungsmöglichkeiten in der Planungspraxis (vgl. die in Kap. 2 genannten "Aufgaben" des Vorhabens). Hinsichtlich der einzelnen Aufgabenstellungen des Vorhabens sind folgende Ergebnisse hervorzuheben:

zu 1 und 2:
- **den Fremdenverkehr landschaftsverträglicher gestalten**

- **Lösungen und Verfahrensweisen zur Verwirklichung eines landschaftsverträglichen Fremdenverkehrs mit Hilfe der Landschaftsplanung erproben; Effektivierung der Landschaftsplanung**

Diese Ziele können mittels einer Kooperation der beiden beteiligten Planungen leichter erreicht werden als durch die bloße Heranziehung eines vorliegenden Landschaftsplanes. Der Vorteil einer parallelen und abgestimmten Erarbeitung beider Planwerke liegt - wie sich gezeigt hat - in der damit erreichten Dynamik des Planungsprozesses: Die Fremdenverkehrsplanung wird nicht mit ihrer Interpretation der Ergebnisse der Landschaftsplanung allein gelassen. Der Landschaftsplaner steht als Partner einer Abstimmung über die Ziele zur Verfügung. Dabei bildet die Ermittlung der Tragfähigkeit des Landschaftshaushaltes bezüglich aktueller bzw. geplanter/gewünschter touristischer Nutzung eine zentrale Information der Landschaftsplanung an die Fremdenverkehrsplanung.

<u>zu 3:</u>

■ **Beitrag zur Bestimmung von Inhalten, Verfahrensablauf, Methodik und Organisation der Fremdenverkehrsplanung**

Die Zusammenarbeit mit der Landschaftsplanung und die Koordinierung beider Planungen hat sich als tragfähig und empfehlenswert erwiesen. Gleiches gilt für die Betonung der Zusammenarbeit mit den touristischen Akteuren der Gemeinde. Nach den Erfahrungen aus den Modellplanungen wird empfohlen, der Arbeit auf der Ebene von Akzeptanz und Vollzug einen gleichen Stellenwert einzuräumen wie der analytisch-planerischen Arbeit.

Die Modellplanungen haben gezeigt, daß bei den örtlichen Tourismusexperten, bei touristischen Anbietern, Verwaltung, Vereinen und Verbänden ein Großteil der relevanten Information zur touristischen Bestandsanalyse vorhanden sind.

Die Erfahrungen zeigen, daß häufig tourismusrelevante Fragestellungen in den Gemeinden akut anhängig sind. In diesen Fällen ist es in der Regel nicht möglich, Planungen bzw. Maßnahmen so lange herauszuzögern, bis die Analysephase einer Fremdenverkehrsplanung abgeschlossen ist. Der Versuch einer Steuerung oder Beeinflussung dieser Prozesse ist aus der Sicht der Fremdenverkehrsplanung wünschenswert, zur Sicherung der touristischen Ziele häufig sogar erforderlich. Die traditionelle sequentielle Arbeitsweise einer Abfolge von Analyse, Zielfindung und Ableitung von Maßnahmen ist zugunsten einer in ihrer Arbeitsintensität problembezogenen, zeitlich flexiblen Arbeit zu modifizieren.

Die Bearbeiter empfehlen in diesem Zusammenhang die Vorschaltung einer drei- bis sechsmonatigen Pilotphase zur Konkretisierung des Leistungsbildes und zur Initiierung erster Handlungen.

In dieser Phase ist - auf Basis von Gesprächen mit Schlüsselpersonen und ersten Bestandsaufnahmen - die Aufgabenstellung und die zur Lösung der Aufgaben erforderliche Grundlagenermittlung zu präzisieren.

Dieses Konzept bietet den Vorteil des zielgerichteten, problembezogenen Vorgehens - aufwendige Bestandserhebungen und Vorarbeiten können so auf die Stellen des höchsten Handlungsdruckes konzentriert und entlang der gegebenen Umsetzungsmöglichkeiten entwickelt werden. Der Gesamtaufwand und die Bearbeitungszeit des Vorhabens wird reduziert, die Effizienz der in der kommunalen Politik konkret umsetzbaren Maßnahmenvorschläge erhöht.

<u>zu 4:</u>

■ **Diskussionsbeitrag zur Position von Naturschutz und Landschaftspflege bezüglich des Nutzungsanspruches Erholung**

Die Landschaftsplanung schafft mit ihrer Erfassung der landschaftlichen Gegebenheiten eine Arbeitsgrundlage, auf der die Fremdenverkehrsplanung aufbauen kann.

Die Landschaftsplanung übernimmt die Darstellung und Bewertung der Eignung sowie der Grenzen der Nutzungsfähigkeit von Natur und Landschaft für die Erholung. Die Wertung ist grundsätzlich und bezieht sich auf alle Erholungsansprüche und Freizeitaktivitäten und -aktivitätskomplexe, die auf natürliche Grundlagen angewiesen sind. Diese reichen vom Natur- und Landschaftserleben als komplexe Sinneserfahrung bis zur Nutzung einzelner Naturelemente für spezielle Freizeitaktivitäten.

Für diese Skala von naturbezogenen Aktivitäten hat die Landschaftsplanung unterschiedliche Aufgaben wahrzunehmen. Bezüglich der ruhigen Erholung geht es um die Sicherung und Entwicklung entsprechender Angebote, die Festsetzung von Erschließungsgrenzen, die Verhinderung von Massenandrang und das Fernhalten von Störungen durch andere Nutzungen, eventuell auch andere Erholungsaktivitäten.

Bei den auf einzelne Naturfaktoren gerichteten, technisierten und stark infrastrukturorientierten Aktivitäten steht die Verhinderung von Überlastungen der natürlichen Ressourcen, die Vermeidung von Beeinträchtigungen anderer Ökosystemfunktionen und der Störung anderer Raumnutzungen in Vordergrund.

Dabei stellt die Landschaftsplanung nicht spezifische Eignungen für einzelne Aktivitäten fest, sondern beantwortet vielmehr die Frage *"wo ist es erholsam, wo ist es schön, wo ist Besonderes erlebbar?"* grundlegend und für Einwohner und Gäste gleichermaßen.

Die so dargestellte landschaftliche Erholungseignung wird im Fremdenverkehrsplan hinsichtlich ihrer touristischen Bedeutung interpretiert. Der Touristiker stellt die Beziehung her zwischen dem natürlichen Angebot und den Ansprüchen der identifizierten Nachfragegruppen. Für ihn stellt sich auch die Frage nach der erschließenden/-ergänzenden Infrastruktur. Eine gemeinsame Betrachtung beider Angebotsbestandteile ergibt die Bewertung der aktuellen touristischen Eignung. Festgestellte Defizite begründen touristische Entwicklungsziele.

Diese Vorstellungen werden durch die Landschaftsplanung auf ihre Umweltverträglichkeit hin überprüft und mit den Entwicklungszielen des Landschaftsplanes abgestimmt. An dieser Stelle ist entweder ein Kompromiß möglich, andernfalls ist auf Grundlage der Darstellungen zumindest eine qualifizierte politische Abwägung vorzunehmen. Der Vorteil der koordinierten Bearbeitung besteht darin, daß die Zusammenarbeit den *gemeinsamen* Kompromiß ermöglicht. Dabei ist ein potentiell gleichgerichtetes Interesse durchaus vorhanden: Die Sicherung und Entwicklung der Erholungslandschaft.

Wenn eine touristische Nutzung mit einer Gefahr von Überlastungen verbunden ist, so kann dieser langfristig auch touristisch unerwünschte Effekt dargestellt werden. Damit besteht zumindest die Chance, den Tourismus auf langfristig tragfähige Ziele zu verpflichten. Die - sicher vorhandene - Schnittmenge touristischer und landschaftsökologischer Ziele kann durch diese Konstruktion zu Konsequenzen in der Maßnahmenplanung führen.

<u>zu 5:</u>
- **Überprüfung des Lösungsansatzes unter den Bedingungen der neuen Bundesländer**

Landschaftsplanung und Fremdenverkehrsplanung sollen in den neuen Bundesländern einen Beitrag zum Aufbau eines effektiven Ordnungsrahmens, innerhalb dessen sich Flächennutzungspolitik und privatwirtschaftliche

Investitionstätigkeit vollziehen können, leisten. Entsprechend der beschriebenen Bedingungen sollten die Planungskonzepte den Forderungen nach

- schneller Handlungsfähigkeit, Prozeßsteuerung,
- parallel zur Planung und bei der späteren Umsetzung zu leistenden Beratungsdiensten,
- Verankerung von Ressourcenschutz und Vorsorgeplanung in der planerischen Programmatik

gerecht werden.

Besonders wichtig wird es sein, schnell eine erste grobe, räumlich differenzierte Nutzungskonzeption zu erarbeiten. Dabei wird es darum gehen, offensichtlich wertvolle und schutzbedürftige Flächen vorläufig für Nutzungszugriffe (insbesondere Überbauung) zu blockieren. Gleichzeitig sind, falls erforderlich, Flächen für dringende Bauvorhaben zu finden. Zur Erläuterung und Begründung dieser Planaussagen sind möglichst schnell erste Leitlinien und Zielvorstellungen zu entwickeln und in der Gemeinde zu diskutieren, auf deren Grundlage eine Beratung von Betroffenen und Entscheidungsträgern erfolgen sollte.

Im Rahmen der weiteren Bearbeitung ist das erste, vorläufige Nutzungskonzept zu überprüfen. Der Schritt des fundiert planerischen Vorgehens wird auf die (Zwischen-) Ergebnisse des probleminduzierten Vorgehens aufbauen können. Zusätzlich sollten in der Arbeitsphase der kurzfristigen Problembewältigung bestehende Engpässe identifiziert werden und, wenn dringend erforderlich, bereits erste Maßnahmen zur Beseitigung dieser Engpässe angeregt werden.

Die als zwingend erforderlich angesehenen Beratungsleistungen, die Notwendigkeit, schnell auf anstehende Fragestellungen zu reagieren, erfordern eine Präsens der Planer vor Ort, die über das (im Westen) übliche Maß hinausgeht.

Als Voraussetzung einer Planaussage ist eine fundierte Bestandsaufnahme eigentlich unerläßlich. Knappe Ressourcen können es jedoch erforderlich machen, auch in der Arbeitsphase des systematischen planerischen Vorgehens von einer flächendeckenden Bestandsaufnahme und Planung zugunsten einer probleminduzierten Verfahrensweise abzurücken, d.h. nur die Fragen bzw. Landschaftsteile zu bearbeiten, für die Planaussagen dringlich erscheinen. Nicht vorstellbar ist es allerdings, aus dem prinzipiellen Arbeitsablauf einzelne Schritte komplett herauszustreichen.

Erforderlich erscheint eine Verknüpfung von Fremdenverkehrs-, Landschafts-, Bauleit- und Verkehrsplanung. Die Mindestinhalte dieser Zusammenarbeit sind gekennzeichnet durch:

- Zusammenarbeit mit der Landschaftsplanung: Information über naturräumliche Nutzungskonzeption (1. Als Resultat einer schnellen, problemorientierten Einarbeitung, 2. Als Resultat aus der Bestandsaufnahme und der Zielkonzeption),

- Darstellung (vorläufiger) Tabuflächen,

- Darstellung von nutzbaren Flächen, Definition von Bedingungen, unter denen bestimmte Nutzungen möglich erscheinen,

- Informationen über natürliche Erholungsqualitäten,

- Abstimmung der Zielkonzepte,

- Zusammenarbeit mit der Verkehrsplanung: Abstimmung der Zielkonzepte, Integration der Erfordernisse an Verkehr aus landschaftspflegerischer und touristischer Sicht,

- Zusammenarbeit mit der Bauleitplanung: Weitestmögliche Integration der Inhalte von Landschafts- und Fremdenverkehrsplanung, Abstimmen der Ziel- und Maßnahmenkonzepte.

Schlußbemerkungen

Aufgabe und Inhalt des E+E-Vorhabens war die Erprobung der Koordinierung von Fremdenverkehrs- und Landschaftsplanung sowie der inhaltlichen Abläufe der Fremdenverkehrsplanung.

Mit der entwickelten Methodik wurden Ergebnisse erzielt, die zu einem Weiterverfolgen des eingeschlagenen Weges ermutigen. Das erprobte Verfahren sollte um die Arbeitsphase der Begleitung und Beratung der Umsetzung ergänzt werden.

Über die Wirksamkeit der unterschiedlichen herausgearbeiteten Ziel und Maßnahmen liegen bisher nur begrenzte Erfahrungen vor. Der Weg der umweltvorsorgenden Fremdenverkehrsplanung und der Versuch einer Effektivierung kommunaler Umweltpolitik wird bisher in der Praxis nur sehr punktuell beschritten. Entsprechend liegen nur begrenzte Erfahrungen vor. Angesicht der drängenden Aufgabenstellung wäre es aus Sicht der Gutachter sehr wünschenswert, die unterschiedlichen Strategien einer Wirkungsanalyse zu unterziehen. So könnten die Anstrengungen auf möglichst effektive und erfolgsversprechende Bemühungen konzentriert werden. Einzelne Lösungsstrategien könnten aus einem Erfahrungshintergrund heraus begründet werden.

Die vorliegenden Arbeiten könnten in diesem Sinne weitergehend genutzt werden; in einem Nachvollzug der Planungsumsetzung könnte die Effektivität und Zielerfüllung einzelner Maßnahmen beurteilt werden, etwa mittels einer Kurzanalyse/Befragung der Gemeinden nach ein und zwei Jahren und einer Diskussion der Ursachen der festgestellten Entwicklungen. Diese Erfahrungen könnten das bisher gewonnene Bild ergänzen und präzisieren.

Sinnvoll erscheint auch die Überlegung, über das z.Z. vereinbarte Verfahren hinaus, Mittel zur Beratung und Umsetzung der Konzepte bereit zu stellen. In diesem Bereich liegen noch erhebliche Möglichkeiten zur Effektivierung der Planungen. Auch die Beratungsleistungen wären einer Wirkungsanalyse zu unterziehen.

Literaturverzeichnis

AHLSWEDE, H., BISSBORT, H., FROMMHERZ, W. & WIRZ, S.: Landschaftsplan Bad Zwischenahn.- Hannover 1991

BAUGESETZBUCH (BauGB) in der Fassung vom 08. Dezember 1986 (BGBl. I S. 2253), zuletzt geändert durch Anlage 1 Kapitel XIV Abschnitt II Nr. 1 des Einigungsvertrages vom 31. August 1991 in Verbindung mit Artikel 1 des Gesetzes vom 23. September 1990 (BGBl. II S. 885, 1122)

BEHRENS-EGGE, M., HARFST, W. & SCHARPF, H.: Fremdenverkehrsplan Bad Zwischenahn (Vorentwurf).- Hannover 1991

BEHRENS-EGGE, M., HARFST, W. & SCHARPF, H.: Entscheidungshilfen der Landschaftsplanung und Fremdenverkehrsplanung für Entwicklungs- und Schwellengemeinden, insbesondere in den neuen Bundesländern - Ergebnisprotokoll einer Klausurtagung im Auftrag der BfANL.- Unveröffentlicht, 1992

BUNDESMINISTER FÜR ERNÄHRUNG, LANDWIRTSCHAFT UND FORSTEN (Hrsg.): Inhalte und Verfahrensweise der Landschaftsplanung. Stellungnahme des Beirate für Naturschutz und Landschaftspflege.- Bonn 1976

BUNDESMINISTER FÜR VERKEHR: Hinweise zur Berücksichtigung des Naturschutzes und der Landschaftspflege beim Bundesfernstraßenbau (HNL-StB 87), bekanntgegeben mit dem Allgemeinen Rundschreiben Straßenbau Nr. 5/1987 vom 23.2.1987

BUNDESNATURSCHUTZGESETZ (BNatSchG) --> GESETZ ÜBER NATURSCHUTZ UND LANDSCHAFTSPFLEGE ...

DOMIN, B. & KLEINSCHMIDT, H.: Fremdenverkehrsplan Süsel.- Eutin 1992

GASSNER, E.: Die Erholung in Natur und Landschaft und das Betretungsrecht.- In: Schriftenreihe des Deutschen Rates für Landespflege 36 (1981), S. 540 - 545

GESETZ FÜR NATURSCHUTZ UND LANDSCHAFTSPFLEGE (Landschaftspflegegesetz - LPflegG) vom 16. April 1973 (GVOBL. Schl. -H. S. 122, ber., S.326), in der Fassung der Bekanntmachung vom 19. November 1982 (GVOBl. Sch. -H. S., S. 256, ber. 1983 S.), zuletzt geändert durch das Gesetz vom 22. Juli 1985 (GVOBl. Schl. -H. S. 202)

GESETZ NATURSCHUTZ UND LANDSCHAFTSPFLEGE (Landschaftspflegegesetz - LPflegG) vom 16. April 1973 (GVOBl. Schl.-H. S. 122), berichtigt am 27. September 1973 (GVOBl. Schl.-H. S. 326) i.d.F. der Bek. des Art. 1 des Gesetzes vom 19. November 1982 (GVOBl. Schl.-H. S. 256), berichtigt am 14. Januar 1983 (GVOBl. Schl.-H. S. 9)

GESETZ ÜBER NATURSCHUTZ UND LANDSCHAFTSPFLEGE (Bundesnaturschutzgesetz - BNatSchG) vom 20. Dezember 1976 (BGBl. I S. 3574, ber. BGBl. I 1977 S. 650) i. d. F. der Bek. vom 12. März 1987 (BGBl. I S. 889)

GESETZ ZUM SCHUTZ DER NATUR, ZUR PFLEGE DER LANDSCHAFT UND ÜBER DIE ERHOLUNGSVORSORGE IN DER FREIEN LANDSCHAFT (Naturschutzgesetz Baden-Württemberg - NatSchG BW) vom 21. Oktober 1975 (GBl. S. 654, ber. GBl. 1976 S. 96) i.d.F. der Änderungsgesetze vom 10. Februar 1976 (GBl. S. 99), vom 30. Mai 1978 (GBl. S. 286) und vom 06. April 1982 (GBl. S. 97)

GILDEMEISTER, R.: Zur Frage der Belastbarkeit der Landschaft.- In: Natur und Landschaft 60 (1985), H. 4, S. 144 - 147

GONDESEN, C. & ANSORGE, T.: Landschaftsplan Süsel. E+E-Vorhaben Landschaftsplanung - Fremdenverkehrsplanung. Vorentwurf.- Lübeck 1992

HAHN-HERSE, G., KIEMSTEDT, H. & WIRZ, S.: Landschaftsrahmenplanung - Gemeinsam gegen die sektorale Zersplitterung im Umweltschutz?.- In: Akademie für Raumforschung und Landesplanung (Hrsg.): Verwirklichung der Landschaftsplanung in der Regional- und Kommunalplanung.- Beiträge 80 (1984), S. 19

HAIMAYER, P.: Erfahrungen mit der Umsetzung der Konzeption des Intelligenten Tourismus, Manuskript zur Klausurtagung "Entscheidungshilfen der Landschaftsplanung und Fremdenverkehrsplanung für Entwicklungs- und Schwellengemeinden, insbesondere in den neuen Bundesländern" im Rahmen des E+E-Vorhaben.- Unveröffentlicht, 1991

HAMELE, H. & SCHEMEL, J.: Fremdenverkehrsplan Baiersbronn.- München 1992

HONORARORDNUNG FÜR ARCHITEKTEN UND INGENIEURE (HOAI) i.d.F. vom 17. September 1976, zuletzt geändert durch die 4. HOAI-Novelle vom 13. Dezember 1990 (BGBl. I S. 2707)

KIEMSTEDT, H. & SCHARPF, H.: Erholungsvorsorge im Rahmen der Landschaftsplanung.- Schriftenreihe Deutscher Rat für Landespflege: Erholung/Freizeit und Landespflege.- H. 57 (1989), S. 660ff

KIEMSTEDT, H. & WIRZ, S.: Effektivierung der Landschaftsplanung. Gutachten im Auftrag des Bundesumweltministeriums.- Texte 11/1990 des Umweltbundesamtes

KRIPPENDORF, J.: Die Landschaftsfresser.- 2. Aufl., Stuttgart 1980

LANDKREIS AMMERLAND: Landschaftsrahmenplan (Vorentwurf).- Stand 1990

MIESS + MIESS, BÜRO FÜR LANDSCHAFTSPLANUNG: Landschaftsplan Baiersbronn/Schwarzwald.- Karlsruhe 1991

NIEDERSÄCHSISCHES NATURSCHUTZGESETZ (NNatG) vom 20. März 1981, zuletzt geändert durch Gesetz vom 21. März 1990.- Nieders. GVBl. S. 86

PFLUG, W.: Dürfen Naturschutz- und Landschaftspflegeplanungen für den Nutzungsanspruch Erholung sein?.- Schriftenreihe des Deutschen Rates für Landespflege H. 36 (1981), S. 561 - 563

RICHTLINIEN DES MINISTERIUMS FÜR ERNÄHRUNG, LANDWIRTSCHAFT UND UMWELT BADEN-WÜRTTEMBERG über die Ausarbeitung von Landschaftsplänen und Grünordnungsplänen vom 05. Dezember 1979 (Nr. 44-2201/23.4).- Staatsanzeiger Nr. 101 vom 19. Dezember 1979

ROMEISS-STRACKE, F.: Neues Denken im Tourismus.- München 1989
Zusammenstellung der Protokolle, Tischvorlagen und sonstige Materialien zu einzelnen Sitzungen der örtlichen Arbeitskreise Landschaftsplanung und Fremdenverkehrsplanung, Teil I.- Stand Mai 1990

SACHVERSTÄNDIGENRAT FÜR UMWELTFRAGEN (SRU): Umweltgutachten 1987.- Bt-Drucksache 11/1568

SCHARPF, H. & WIRZ, S. unter Mitarbeit von E. GUSTEDT: Erprobungs- und Entwicklungsvorhaben "Landschaftsplanung und Fremdenverkehrsplanung " - Vorstudie - .- Hannover 1988

SCHEMEL, H.J., SCHARPF, H. & HARFST, W.: Landschaftserhaltung durch Tourismus - Touristisch motivierte Maßnahmen zum Schutz, zur Pflege und zur Neuanlage naturnaher Landschaftsteile.- Studie im Auftrag des Bundesministers für Ernährung, Landwirtschaft und Forsten.- München 1987

WEIGER, H.: Schutz der Natur vor dem erholungssuchenden Menschen.- Forstwissenschaftliche Centralblätter 102 (1983), H. 4, S. 252 - 267

Nachtrag

Beteiligte Planungsbüros

An der Durchführung der kommunalen Landschaftsplanung und Fremdenverkehrsplanung waren beteiligt:

Bad Zwischenahn:

Planungsbüro Stefan Wirz
Haller Straße 28
30161 Hannover

BTE
Büro für Tourismus- und Erholungsplanung
Vahrenwalder Straße 7
30165 Hannover

Baiersbronn:

Büro Miess + Miess
Landschaftsplanung
Friedrich-Naumann-Straße 6
76187 Karlsruhe

Büro für Umweltforschung und Umweltplanung
Dr. Ing. Schemel (in Arbeitsgemeinschaft mit
Studienkreis für Tourismus, H. Hamele)
Altostraße 111
81249 München

Süsel:

Landschaftsplanungsbüro
Trüper und Gondesen
An der Untertrave 17
23552 Lübeck

Planungsbüro Ostholstein
Dipl. Ing. Kleinschmidt
Architekt Stadtplaner BDA
Elisabethstraße 47
23701 Eutin

Veröffentlichungen des Bundesamtes für Naturschutz

Schriftenreihe für Landschaftspflege und Naturschutz

Heft 16: 1. Arnold, F. u.a.: Gesamtökologischer Bewertungsansatz für einen Vergleich von zwei Autobahntrassen.
2. Bürger, K., Olschowy, G., Schulte, Cl.: Bewertung von Landschaftsschäden mit Hilfe der Nutzwertanalyse.
Bonn-Bad Godesberg: 1977, 264 Seiten, 9 Tabellen, 31 Abbildungen, 74 Computerkarten, ISBN 3-7843-2016-3 (vergriffen)

Heft 17: Zvolský, Z.: Erarbeitung von Empfehlungen für die Aufstellung von Landschaftsplanungen im Rahmen der allgemeinen Landeskultur und Agrarplanung.
Bonn-Bad Godesberg: 1978, 262 Seiten, 11 Abbildungen, 4 Computerkarten, 76 Tabellen, ISBN 3-7843-2017-1

Heft 18: Blab, J.: Biologie, Ökologie und Schutz von Amphibien. 3. erweiterte und neubearbeitete Auflage.
Bonn-Bad Godesberg: 1986, 150 Seiten, 33 Abbildungen, 18 Tabellen, ISBN 3-88949-128-6

Heft 19: Mader, H.-J.: Die Isolationswirkung von Verkehrsstraßen auf Tierpopulationen untersucht am Beispiel von Arthropoden und Kleinsäugern der Waldbiozönose.
Bonn-Bad Godesberg: 1979, 131 Seiten, 33 Abbildungen, 30 Tabellen, ISBN 3-7843-2019-8 (vergriffen)

Heft 20: Wirkungsanalyse der Landschaftsplanung.
1. Krause, C. L.: Methodische Ansätze zur Wirkungsanalyse im Rahmen der Landschaftsplanung.
2. Krause, C. L., Henke, H.: Beispielhafte Untersuchung von Wirkungszusammenhängen im Rahmen der Landschaftsplanung.
Bonn-Bad Godesberg: 1980, 300 Seiten, 64 Abbildungen, 36 Tabellen, 15 Matrizen, ISBN 3-7843-2020-1

Heft 21: Koeppel, H.-W., Arnold, F.: Landschafts-Informationssystem.
Bonn-Bad Godesberg: 1981, 192 Seiten, 26 Abbildungen, 9 Tabellen, ISBN 3-7843-2021-X

Heft 22: Mader, H.-J.: Der Konflikt Straße-Tierwelt aus ökologischer Sicht.
Bonn-Bad Godesberg: 1981, 104 Seiten, 20 Abbildungen, 19 Tabellen, ISBN 3-7843-2022-8 (vergriffen)

Heft 23: Nowak, E., Zsivanovits, K.-P.: Wiedereinbürgerung gefährdeter Tierarten. Wissenschaftliche Grundlagen, Erfahrungen und Bewertung.
Bonn-Bad Godesberg: 1982, 153 Seiten, 23 Abbildungen, 7 Tabellen, ISBN 3-7843-2023-6

Heft 24: Blab, J.: Grundlagen des Biotopschutzes für Tiere. Ein Leitfaden zum praktischen Schutz der Lebensräume unserer Tiere. 4. erweiterte und neubearbeitete Auflage.
Bonn-Bad Godesberg: 1993, 479 Seiten, Abbildungen, Tabellen, Quellen. ISBN 3-88949-115-4

Heft 25: Krause, C. L., Adam, K., Schäfer, R.: Landschaftsbildanalyse, Methodische Grundlagen zur Ermittlung der Qualität des Landschaftsbildes.
Bonn-Bad Godesberg: 1983, 168 Seiten, 24 Abbildungen, 19 Tabellen, 3 Karten, ISBN 3-7843-2025-2 (vergriffen)

Heft 26: Bless, R.: Zur Regeneration von Bächen der Agrarlandschaft, eine ichthyologische Fallstudie,
Bonn-Bad Godesberg: 1985, 80 Seiten, 31 Abbildungen, 23 Tabellen, ISBN 3-7843-2026-0

Heft 27: Mader, H.-J., Klüppel, R., Overmeyer, H.: Experimente zum Biotopverbundsystem – tierökologische Untersuchungen an einer Anpflanzung.
Bonn-Bad Godesberg: 1986, 136 Seiten, 39 Abbildungen, 6 Tabellen, ISBN 3-7843-2027-9

Heft 28: Nowak, E., Zsivanovits, K.-P.: Gestaltender Biotopschutz für gefährdete Tierarten und deren Gemeinschaften.
Bonn-Bad Godesberg: 1987, 204 Seiten, 96 Abbildungen, 21 Tabellen, ISBN 3-7843-2028-7 (vergriffen)

Heft 29: Blab, J., Nowak, E. (Hrsg.): Zehn Jahre Rote Liste gefährdeter Tierarten in der Bundesrepublik Deutschland. Situation, Erhaltungszustand, neuere Entwicklungen.
Bonn-Bad Godesberg: 1989, 312 S., Abbildungen, Tabellen, Kartenskizzen,
ISBN 3-88949-157-X

Heft 30: Blab, J., Terhardt, A., Zsivanovits, K.-P.: Tierwelt in der Zivilisationslandschaft.
1. Raumeinbindung und Biotopnutzung bei Säugetieren und Vögeln im Drachenfelser Ländchen.
Bonn-Bad Godesberg: 1989, 223 S., Abbildungen, Tabellen, Kartenskizzen,
ISBN 3-88949-158-8

Heft 31: Faber, T. F.: Die Luftbildauswertung, eine Methode zur ökologischen Analyse von Strukturveränderungen bei Fließgewässern.
Bonn-Bad Godesberg: 1989, 119 S., Abbildungen, Tabellen, Karten,
ISBN 3-7843-2029-5

Heft 32: Riecken, U. (Hrsg.): Möglichkeiten und Grenzen der Bioindikation durch Tierarten und Tiergruppen im Rahmen raumrelevanter Planungen.
Bonn-Bad Godesberg: 1990, 228 S., Abbildungen, Tabellen,
ISBN 3-7843-2071-6

Heft 33: Schulte, W. u.a.: Zur Biologie städtischer Böden. Beispielraum: Bonn-Bad Godesberg.
Bonn-Bad Godesberg: 1990, 184 S., Abbildungen, Kartenskizzen, Tabellen,
ISBN 3-88949-168-5

Heft 34: Blab, J., Brüggemann, P., Sauer, H.: Tierwelt in der Zivilisationslandschaft. 2. Raumeinbindung und Biotopnutzung bei Reptilien und Amphibien im Drachenfelser Ländchen.
Bonn-Bad Godesberg: 1991, 94 S., Abbildungen, Tabellen, Quellen,
ISBN 3-88949-175-8

Heft 35: Bless, R.: Einsichten in die Ökologie der Elritze – *Phoxinus phoxinus (L.),* praktische Grundlagen zum Schutz einer gefährdeten Fischart.
Bonn-Bad Godesberg: 1992, 57 S., Abbildungen, Tabellen, Quellen,
ISBN 3-7843-2030-9

Heft 36: Riecken, U.: Planungsbezogene Bioindikation durch Tierarten und Tiergruppen – Grundlagen und Anwendung.
Bonn-Bad Godesberg: 1992, 187 S., Abbildungen, Tabellen,
ISBN 3-7843-2031-7

Heft 37: Gießübel, J.: Erfassung und Bewertung von Fließgewässern durch Luftbildauswertung.
Bonn-Bad Godesberg: 1993, 77 S., Abbildungen, Tabellen, Quellen,
ISBN 3-7843-2033-3

Heft 38: Blab, J., Riecken, U.: Grundlagen und Probleme einer Roten Liste der gefährdeten Biotoptypen Deutschlands. Referate und Ergebnisse des gleichnamigen Symposiums der Bundesforschungsanstalt für Naturschutz und Landschaftsökologie vom 28.–30. Oktober 1991.
Bonn-Bad Godesberg: 1993, 339 S., Abbildungen, Tabellen, Quellen,
ISBN 3-88949-192-8

Heft 39: Haarmann, K., Pretscher, P.: Zustand und Zukunft der Naturschutzgebiete in Deutschland – Die Situation im Süden und Ausblicke auf andere Landesteile.
Bonn-Bad Godesberg: 1993, 266 S., Abbildungen, Tabellen, Quellen,
ISBN 3-7843-2032-5

Heft 40: Blab, J., Schröder, E. und Völkl, W. (Hrsg.): Effizienzkontrollen im Naturschutz. Referate und Ergebnisse des gleichnamigen Symposiums vom 19.–21. Oktober 1992.
Bonn-Bad Godesberg: 1994, 300 S., Abbildungen, Tabellen, Quellen,
ISBN 3-88949-193-6

Heft 41: Riecken, U., Ries, U. und Ssymank, A.: Rote Liste der gefährdeten Biotoptypen der Bundesrepublik Deutschland.
(in Vorbereitung)

Heft 42: Blab, J., Bless, R. und Nowak, E.: Rote Liste der Wirbeltiere.
(in Vorbereitung)

Heft 43: Riecken, U. und Schröder, E. (Hrsg.): Biologische Daten für die naturschutzrelevante Planung. Auswertung, Aufbereitung, Flächenbewertung.
(in Vorbereitung)

Heft 44: Nordheim, H. v. und Merck, T. (Hrsg.): Rote Liste gefährdeter Biotope, Tiere und Pflanzen im deutschen Nordseegebiet.
(in Vorbereitung)

Auslieferung Schriftenreihen:

BfN-Schriftenvertrieb im Landwirtschaftsverlag GmbH
Postfach 480249 · 48079 Münster
Telefon 0 25 01 / 8 01-1 17 · Telefax 0 25 01 / 8 01-2 04

Schriftenreihe für Vegetationskunde

Heft 16: Wolf, G. (Red.): Primäre Sukzessionen auf kiesig-sandigen Rohböden im Rheinischen Braunkohlerevier.
Bonn-Bad Godesberg: 1985, 203 Seiten, ISBN 3-7843-2066-X

Heft 17: Krause, A.: Ufergehölzpflanzungen an Gräben, Bächen und Flüssen.
Bonn-Bad Godesberg: 1985, 74 Seiten, ISBN 3-7843-2067-8   (vergriffen)

Heft 18: Rote Listen von Pflanzengesellschaften, Biotopen und Arten. Referate und Ergebnisse eines Symposiums in der Bundesforschungsanstalt für Naturschutz und Landschaftsökologie vom 12.–15. November 1985.
Bonn-Bad Godesberg: 1986, 166 Seiten, ISBN 3-7843-1234-9

Heft 19: Korneck, D. und Sukopp, H.: Rote Liste der in der Bundesrepublik Deutschland ausgestorbenen, verschollenen und gefährdeten Farn- und Blütenpflanzen und ihre Auswertung für den Arten- und Biotopschutz.
Bonn-Bad Godesberg: 1988, 210 Seiten, ISBN 3-7843-2068-6   (vergriffen)

Heft 20: Krause, A.: Rasenansaaten und ihre Fortentwicklung an Autobahnen – Beobachtungen zwischen 1970 und 1988.
Bonn-Bad Godesberg: 1989, 125 Seiten, ISBN 3-7843-2069-4

Heft 21: Bundesforschungsanstalt für Naturschutz und Landschaftsökologie (Hrsg.): Naturwaldreservate.
Bonn-Bad Godesberg: 1991, 247 Seiten, ISBN 3-7843-2070-8

Heft 22: Fink, Hans G. u.a.: Synopse der Roten Listen Gefäßpflanzen. Übersicht der Roten Listen und Florenlisten für Farn- und Blütenpflanzen der Bundesländer, der Bundesrepublik Deutschland (vor dem 3. Oktober 1990) sowie der ehemaligen DDR.
Bonn-Bad Godesberg: 1992, 262 Seiten, ISBN 3-7843-2075-9

Heft 23: Bundesforschungsanstalt für Naturschutz und Landschaftsökologie (Hrsg.): Rote Listen gefährdeter Pflanzen in der Bundesrepublik Deutschland. Referate und Ergebnisse eines Arbeitstreffens in der Internationalen Naturschutzakademie, Insel Vilm, vom 25.–28. 11. 1991.
Bonn-Bad Godesberg: 1992, 245 Seiten, ISBN 3-7843-2074-0

Heft 24: Hügin, G., Henrichfreise, A.: Naturschutzbewertung der badischen Oberrheinaue – Vegetation und Wasserhaushalt des rheinnahen Waldes.
Bonn-Bad Godesberg: 1992, 48 Seiten, ISBN 3-7843-2072-4

Heft 25: Lohmeyer, W., Sukopp, H.: Agriophyten in der Vegetation Mitteleuropas.
Bonn-Bad Godesberg: 1992, 185 Seiten, ISBN 3-7843-2073-2

Heft 26: Schneider, C., Sukopp, U. und Sukopp, H.: Biologisch-ökologische Grundlagen des Schutzes gefährdeter Segetalpflanzen.
(in Vorbereitung)

Auslieferung Schriftenreihen:
BfN-Schriftenvertrieb im Landwirtschaftsverlag GmbH
Postfach 480249 · 48079 Münster
Telefon 0 25 01 / 8 01-1 17 · Telefax 0 25 01 / 8 01-2 04

Angewandte Landschaftsökologie

Heft 1: Büro für Tourismus- und Erholungsplanung & Planungsbüro Stefan Wirz, Landschafts-
planung: Landschaftsplanung und Fremdenverkehrsplanung.
Bonn-Bad Godesberg: 1994, 136 Seiten, Abbildungen, Karten, Quellen,
ISBN 3-7843-2676-5

Heft 2: Kaule, G., Endruweit, G. und Weinschenck, G.: Landschaftsplanung, umsetzungsorientiert!
(in Vorbereitung)

Natur und Landschaft, Zeitschrift für Naturschutz, Landschaftspflege und Naturschutz
Verlag: W. Kohlhammer, Postfach 40 02 63, 50832 Köln, Tel. 02234/106-0 Erscheinungsweise: monatlich.
Bestellungen nimmt der Verlag entgegen und übersendet auf Anforderung Probehefte.

Dokumentation Natur und Landschaft, Der Literatur-Informationsdienst für Naturschutz und Landschaftspflege
Verlag: W. Kohlhammer, Postfach 40 02 63, 50832 Köln, Tel. 0 22 34 / 1 06-0 Erscheinungsweise: vierteljährlich.
Bestellungen nimmt der Verlag entgegen und übersendet auf Anforderung Probehefte

Bibliographien Sonderhefte der Dokumentation Natur und Landschaft
Erscheinungsweise: unregelmäßig

Nr.		Anzahl der Titel
So.-H. 1: (1982)	Wiederansiedlung gefährdeter Tier- und Pflanzenarten (= Bibliographien Nr. 39 u. 40)	523
So.-H. 2: (1983)	Rekultivierung und Folgenutzung von Entnahmestellen (Kies-, Sandentnahmen, Steinbrüche, Baggerseen) (= Bibliographie Nr. 41)	490
So.-H. 3: (1983)	Feuchtgebiete – Gefährdung, Schutz, Pflege, Gestaltung (= Bibliographie Nr. 42)	942
So.-H. 4: (1983)	Zur Tier- und Pflanzenwelt an Verkehrswegen (= Bibliographien Nr. 43 bis 45)	315
So.-H. 5: (1984)	Naturschutz und Landschaftspflege: Main-Donau-Wasserstraße; Einsatz der EDV; Öffentlichkeitsarbeit (= Bibliographien Nr. 46 bis 48)	468
So.-H. 6: (1985)	Sport und Naturschutz; Waldreservate – Waldnaturschutzgebiete (= Bibliographien Nr. 49 u. 50)	547
So.-H. 7: (1986)	Untersuchungen zu Naturschutz und Landschaftspflege im besiedelten Bereich (= Bibliographie Nr. 51)	1294
So.-H. 8: (1987)	Untersuchungen zu Naturschutz und Landschaftspflege im besiedelten Bereich. Literaturnachträge bis 1986 (= Bibliographie Nr. 52)	467
So.-H. 9: (1988)	Hecken und Feldgehölze. Ihre Funktionen im Natur- und Landschaftshaushalt (= Bibliographie Nr. 53)	624
So.-H. 10: (1988)	Untersuchungen zu Naturschutz und Landschaftspflege im besiedelten Bereich. Literaturnachträge bis 1987 (= Bibliographie Nr. 54)	551
So.-H. 11: (1988)	Abgrabung (Bodenentnahme, Tagebau, Gewinnung oberflächennaher mineralischer Rohstoffe) und Landschaft (= Bibliographie Nr. 55)	2660
So.-H. 12: (1989)	Naturnaher Ausbau, Unterhaltung und Biotoppflege von Fließgewässern (= Bibliographie Nr. 56)	912
So.-H. 13: (1990)	Natur- und Umweltschutz in der Sowjetunion (= Bibliographien Nr. 57 u. 58)	560
So.-H. 14: (1990)	Untersuchungen zu Naturschutz und Landschaftspflege im besiedelten Bereich. Literaturnachträge bis 1990 (= Bibliographie Nr. 59)	1048
So.-H. 15: (1990)	Naturschutz in der DDR. Eine Auswahlbibliographie 1977–1990 (= Bibliographie Nr. 60)	2050

Nr.		Anzahl der Titel
So.-H. 16: (1991)	Spontane Vegetation an Straßen, Bahnlinien und in Hafenanlagen (= Bibliographien Nr. 61 u. 62)	312
So.-H. 17: (1991)	Naturwaldreservate (= Bibliographie Nr. 63)	1173
So.-H. 18: (1992)	Sport und Naturschutz (= Bibliographie Nr. 64)	938
So.-H. 19: (1992)	Historische Kulturlandschaften (= Bibliographie Nr. 65)	481
So.-H. 20: (1993)	Untersuchungen zu Naturschutz und Landschaftspflege im besiedelten Bereich. Literaturnachträge 1990 bis 1992 (= Bibliographie Nr. 66)	1182
So.-H. 21: (1993)	Baikalsee, eine Literaturdokumentation zur Umweltsituation am Baikalsee (= Bibliographie Nr. 67)	151

Vertrieb: Deutscher Gemeindeverlag, Postfach 40 02 63, 50832 Köln, Tel. 0 22 34 / 1 06-0.
Abonnenten der Dokumentation Natur und Landschaft erhalten auf die Sonderhefte 25 % Rabatt.

Sonstige Veröffentlichungen

Planzeichen für die örtliche Landschaftsplanung mit Wiedergabe der Verordnung über die Ausarbeitung der Bauleitpläne und die Darstellung des Planinhalts (Planzeichenverordnung 1981 – PlanzV 81). Erarbeitet vom Ausschuß „Planzeichen für die Landschaftsplanung" der Länderarbeitsgemeinschaft für Naturschutz, Landschaftspflege und Erholung (LANa). Bonn-Bad Godesberg: 1994, 64 S., mehrfarbig, ISBN 3-7843-1219-5

Landschaftsplanung als Instrument umweltverträglicher Kommunalentwicklung. Landschaftsplanung – Bauleitplanung, Eingriffsregelung – Baugenehmigung, Umweltverträglichkeitsprüfung (UVP). – Bundesforschungsanstalt für Naturschutz und Landschaftsökologie gemeinsam mit dem Institut für Städtebau Berlin der Deutschen Akademie für Städtebau und Landesplanung. Bonn-Bad Godesberg: 1989, 207 S., ISBN 3-7843-1330-2

Landschaftsbild – Eingriff – Ausgleich. Handhabung der naturschutzrechtlichen Eingriffsregelung für den Bereich Landschaftsbild. – Bundesforschungsanstalt für Naturschutz und Landschaftsökologie. Bonn-Bad Godesberg: 1991, 244 S., ISBN 3-7843-2511-4

Auslieferung Schriftenreihen:
BfN-Schriftenvertrieb im Landwirtschaftsverlag GmbH
Postfach 480249 · 48079 Münster
Telefon 0 25 01 / 8 01-1 17 · Telefax 0 25 01 / 8 01-2 04

Schriftenreihe „MAB-Mitteilungen"

1. Das UNESCO-Programm „Der Mensch und die Biosphäre" (MAB) – eine Übersicht über seine Projekte und den Stand der Beiträge.
Oktober 1977 (vergriffen)

2. Ökologie und Planung im Verdichtungsgebiet – die Arbeiten zu MAB-Projekt 11 der Region Untermain.
Juli 1978, Deutsch/Englisch (vergriffen)

3. Kaule, G., Schober, M. u. Söhmisch, R.: Kartierung erhaltenswerter Biotope in den Bayerischen Alpen. Projektbeschreibung.
November 1978 (vergriffen)

4. Internationales Seminar „Schutz und Erforschung alpiner Ökosysteme" in Berchtesgaden vom 28. 11.–1. 12. 1978. Seminarbericht.
Juni 1979 (vergriffen)

5. The Development and Application of Ecological Models in Urban and Regional Planning. International Meeting in Bad Homburg. March 13–19, 1979.
September 1980 (vergriffen)

6. Forschungsbrücke zwischen Natur- und Sozialwissenschaften im Hinblick auf Umweltpolitik und Entwicklungsplanung. MAB-Seminar vom 13. 2.–16. 2. 1980 in Berlin.
September 1980 (vergriffen)

7. Wechselwirkungen zwischen ökologischen, ökonomischen und sozialen Systemen agrarischer Intensivgebiete. Beitrag des deutschen MAB-Programms zum Projektbereich 13 (Wahrnehmung der Umweltqualität). September 1981.
2. verbesserte Auflage Oktober 1982 (vergriffen)

8. Bick, H., Franz, H. P. u. Röser, B.: Möglichkeiten zur Ausweisung von Biosphären-Reservaten in der Bundesrepublik Deutschland. Droste zu Hülshoff, B.V.: Ökosystemschutz und Forschung in Biosphären-Reservaten.
Dezember 1981 (vergriffen)

9. Der Einfluß des Menschen auf Hochgebirgsökosysteme im Alpen- und Nationalpark Berchtesgaden. November 1981.
2. erweiterte Auflage September 1982 (vergriffen)

10. Brünig, E. F. (Ed.) (1982): Transaction of the Third International MAB-IUFRO Workshop of Ecosystem Research, held on 9th and 19th September 1981 at the XVIIth IUFRO Congress, Kyoto 1981.
Second amended edition January 1983 (vergriffen)

11. Bericht über das internationale MAB-6-Seminar „Der Einfluß des Menschen auf Hochgebirgsökosysteme im Alpen- und Nationalpark Berchtesgaden" vom 2. 12.–4. 12. 1981 in Berchtesgaden.
Juni 1982 (vergriffen)

12. Podiumsdiskussion im Rahmen des MAB-13-Statusseminars „Wechselwirkungen zwischen ökologischen, ökonomischen und sozialen Systemen agrarischer Intensivgebiete" am 8./9. Oktober 1982 in Vechta/Südoldenburg.
Februar 1983 (vergriffen)

13. Angewandte Ökologie. Beispiele aus dem MAB-Programm „Der Mensch und die Biosphäre". Kurzbeschreibung der Bildtafeln für die Ausstellung „Ecology in Action".
April 1983 (vergriffen)

14. Thober, B., Lieth, H., Fabrewitz, S. unter Mitarbeit von Müller, N., Neumann, N., Witte, T.: Modellierung der sozioökonomischen und ökologischen Konsequenzen hoher Wirtschaftsdüngergaben (MOSEC). Müller, N.: Das Problem der Nitratbelastung des Grundwassers in Regionen mit intensiver Landwirtschaft: ein regionales Pilotmodell mit ausdrücklichem Bezug zu nicht-ökonomischen Institutionen.
November 1983 (vergriffen)

15. Angewandte Ökologie. Beispiel aus dem MAB-Programm „Der Mensch und die Biosphäre". Übertragung der Postertexte für die Ausstellung „Ecology in Action" in die deutsche Sprache. November 1983.
2. Auflage Januar 1985 (vergriffen)

16. Ziele, Fragestellungen und Methoden. Ökosystemforschung Berchtesgaden.
Dezember 1983 (vergriffen)

17. Szenarien und Auswertungsbeispiele aus dem Testgebiet Jenner. Ökosystemforschung Berchtesgaden. Dezember 1983.
2. verbesserte Auflage September 1984 (vergriffen)

18. Franz, H. P.: Der deutsche Beitrag zum UNESCO-Programm „Der Mensch und die Biosphäre" (MAB). Stand, Entwicklung und Ausblick eines umfassenden Forschungsprogramms. April 1984.
2. Auflage Februar 1985 (vergriffen)

19. Bericht über das III. Internationale MAB-6-Seminar „Der Einfluß des Menschen auf Hochgebirgsökosysteme im Alpen- und Nationalpark Berchtesgaden" vom 16.–17. April 1984 in Berchtesgaden. Oktober 1984.
2. Auflage September 1985 (vergriffen)

20. „Biosphären-Reservate". Bericht über den I. Internationalen Kongreß über Biosphären-Reservate vom 26. 9.–2. 10. 1983 in Minsk/UdSSR.
November 1984 (vergriffen)

21. Bericht über das IV. Internationale MAB-6-Seminar „Der Einfluß des Menschen auf Hochgebirgsökosysteme im Alpen- und Nationalpark Berchtesgaden" vom 12.–14. Juni 1985 in Berchtesgaden.
2. Auflage April 1988 (vergriffen)

22. Mögliche Auswirkungen der geplanten Olympischen Winterspiele 1992 auf das Regionale System Berchtesgaden. Deutscher Beitrag zum MAB-Projektbereich 6 (Einfluß menschlicher Aktivitäten auf Gebirgs- und Tundraökosysteme).
August 1986 (vergriffen)

23. Landschaftsbildbewertung im Alpenpark Berchtesgaden – Umweltpsychologische Untersuchung zur Landschaftsästhetik. Ökosystemforschung Berchtesgaden. Deutscher Beitrag zum MAB-Projektbereich 6 (Einfluß menschlicher Aktivitäten auf Gebirgs- und Tundraökosysteme).
2. verbesserte Auflage April 1988 (vergriffen)

24. Brünig, E. F. et al: Ecologic-Socioeconomic System Analysis to the Conservation, Utilization and Development of Tropical and Subtropical Land Resources in China. Deutscher Beitrag zum MAB-Projektbereich 1 (Ökologische Auswirkungen zunehmender menschlicher Tätigkeiten auf Ökosysteme in tropischen und subtropischen Waldgebieten).
Januar 1987 (vergriffen)

25. Probleme interdisziplinärer Ökosystem-Modellierung. MAB-Workshop März 1985 in Osnabrück.
Juli 1987, Deutsch/Englisch (vergriffen)

26. Studien zum Osnabrücker Agrarökosystem-Modell OAM für das landwirtschaftliche Intensivgebiet Südoldenburg. Deutscher Beitrag zum MAB-Projektbereich 13: Perception of the Environment. Arbeitsgruppe Systemforschung Universität Osnabrück.
September 1987 (vergriffen)

27. Wirtschafts- und Sozialwissenschaften in der Ökosystemforschung. Ökosystemforschung Berchtesgaden. Deutscher Beitrag zum MAB-Projektbereich 6 (Einfluß menschlicher Aktivitäten auf Gebirgs- und Tundraökosysteme).
April 1988 (vergriffen)

28. Problems with future land-use changes in rural areas. Working meeting for the organization of an UNESCO theme study November 2–5, 1987, in Osnabrück.
September 1988

29. Lewis, R. A. et al: Auswahl und Empfehlung von ökologischen Umweltbeobachtungsgebieten in der Bundesrepublik Deutschland.
Mai 1989

30. Report on MAB-Workshop „International scientific workshop on soils and soil zoology in urban ecosystems as a basis for management and use of green/open spaces" in Berlin, September 15–19, 1986.
Oktober 1989 (vergriffen)

31. Final Report of the International Workshop „Long-Term Ecological Research – A Global Perspective". September 18–22, 1988, Berchtesgaden.
Bonn, August 1989 (vergriffen)

32. Brettschneider, G.: Vermittlung ökologischen Wissens im Rahmen des MAB-Programms. Erarbeitung eines spezifischen Programmbeitrages für das UNESCO-Programm „Man and the Biosphere" (MAB).
Bonn, April 1990

33. Goerke, W., Nauber, J. u. Erdmann, K.-H. (Hrsg.): Tagung des MAB-Nationalkomitees der Bundesrepublik Deutschland und der Deutschen Demokratischen Republik am 28. und 29. Mai 1990 in Bonn.
Bonn, September 1990

34. Ashdown, M., Schalter, J. (Hrsg.). Geographische Informationssysteme und ihre Anwendung in MAB-Projekten, Ökosystemforschung und Umweltbeobachtung.
Bonn, Dezember 1990

35. Kerner, H. F., Spandau, L. u. Köppel, J. G.: Methoden zur angewandten Ökosystemforschung. Entwickelt im MAB-Projekt 6 „Ökosystemforschung Berchtesgaden" 1981–1991. Abschlußbericht.
Freising-Weihenstephan, September 1991 (vergriffen)

36. Erdmann, K.-H. u. Nauber, J. (Hrsg.): Beiträge zur Ökologie-, Ökosystemforschung und Umwelterziehung.
Bonn, März 1992

37. Erdmann, K.-H. u. Nauber, J. (Hrsg.): Beiträge zur Ökosystemforschung und Umwelterziehung II.
Bonn, August 1993

38. Erdmann, K.-H. u. Nauber, J. (Hrsg.): Beiträge zur Ökosystemforschung und Umwelterziehung III.
Bonn, März 1994

Die „MAB-Mitteilungen" sind kostenlos zu beziehen über die
MAB-Geschäftsstelle c/o Bundesamt für Naturschutz
Konstantinstraße 110
D-53179 Bonn
Tel.: (02 28) 84 91-1 36, Fax-Nr. (02 28) 84 91-2 00

Weitere Veröffentlichungen im Rahmen des MAB-Programms:

Erdmann, K.-H. (Hrsg.): Perspektiven menschlichen Handelns: Umwelt und Ethik. – Springer Verlag Berlin-Heidelberg u.a., 2. Aufl. 1993.
Zu beziehen im Buchhandel.

Erdmann, K. H., Nauber, J.: Der deutsche Beitrag zum UNESCO-Programm „Der Mensch und die Biosphäre" (MAB) im Zeitraum Juli 1988 bis Juni 1990. Bonn 1990.
Zu beziehen über: MAB-Geschäftsstelle.

Erdmann, K.-H. u. Nauber, J.: Der deutsche Beitrag zum UNESCO-Programm „Der Mensch und die Biosphäre" (MAB) im Zeitraum Juli 1990 bis Juni 1992. Bonn 1993.
Zu beziehen über: MAB-Geschäftsstelle.

Goodland, R., Daly, H., El Serafy, S. u. Droste, B. v. (Hrsg.): Nach dem Brundtland-Bericht: Umweltverträgliche wirtschaftliche Entwicklung. Bonn, Februar 1992.
Zu beziehen über: MAB-Geschäftsstelle.

Solbrig, O.T.: Biologische Vielfalt. Wissenschaftliche Problematik und Vorschläge für die internationale Forschung. Bonn, April 1994.
Zu beziehen über: MAB-Geschäftsstelle.

Lieferbare Hefte

Aus postalischen Gründen werden die Preise der Veröffentlichungen gesondert aufgeführt.

Im Landwirtschaftsverlag sind erschienen:

Schriftenreihe für Landschaftspflege und Naturschutz

Heft 1 = DM 12,–	Heft 17 = DM 27,–	Heft 31 = DM 15,–
Heft 2 = DM 5,–	Heft 18 = DM 29,80	Heft 32 = DM 29,–
Heft 3 = DM 12,50	Heft 20 = DM 32,–	Heft 33 = DM 29,80
Heft 4 = DM 12,–	Heft 21 = DM 24,–	Heft 34 = DM 24,80
Heft 5 = DM 7,50	Heft 23 = DM 19,–	Heft 35 = DM 12,50
Heft 6 = DM 10,–	Heft 24 = DM 69,80	Heft 36 = DM 29,–
Heft 7 = DM 6,–	Heft 26 = DM 13,–	Heft 37 = DM 26,80
Heft 8 = DM 7,50	Heft 27 = DM 18,–	Heft 38 = DM 29,80
Heft 10 = DM 15,–	Heft 29 = DM 39,80	Heft 39 = DM 29,80
Heft 13 = DM 20,–	Heft 30 = DM 29,80	Heft 40 = DM 29,80

Schriftenreihe für Vegetationskunde:

Heft 6 = DM 29,–	Heft 15 = DM 45,–	Heft 21 = DM 29,–
Heft 8 = DM 9,–	Heft 16 = DM 22,–	Heft 22 = DM 29,–
Heft 10 = DM 17,50	Heft 17 = DM 18,–	Heft 23 = DM 29,–
Heft 11 = DM 17,–	Heft 18 = DM 15,–	Heft 24 = DM 10,–
Heft 14 = DM 26,–	Heft 20 = DM 25,–	Heft 25 = DM 25,–

Angewandte Landschaftsökologie

Heft 1 = DM 36,–

Sonstige Veröffentlichungen:

Planzeichen für die örtliche Landschaftsplanung	DM 24,80
Landschaftsplanung als Instrument umweltverträglicher Kommunalentwicklung	DM 25,–
Landschaftsbild – Eingriff – Ausgleich	DM 36,–

Im Kohlhammer Verlag/Deutscher Gemeindeverlag sind erschienen:

Zeitschrift Natur und Landschaft:

Bezugspreis: DM 105,– jährlich (einschl. Porto und MwSt.). Für Studenten 33 % Rabatt.
Einzelheft: DM 11,– (zuzüglich Porto und MwSt.).

Dokumentation Natur und Landschaft:

Bezugspreis: DM 79,– jährlich (einschl. Porto und MwSt.). Für Studenten 33 % Rabatt.

Bibliographien, Sonderhefte der Dokumentation Natur und Landschaft:

So.-Heft 1 = DM 10,–	So.-Heft 8 = DM 12,80	So.-Heft 15 = DM 25,–
So.-Heft 2 = DM 10,–	So.-Heft 9 = DM 12,80	So.-Heft 16 = DM 12,80
So.-Heft 3 = DM 10,–	So.-Heft 10 = DM 12,80	So.-Heft 17 = DM 19,80
So.-Heft 4 = DM 10,–	So.-Heft 11 = DM 25,–	So.-Heft 18 = DM 19,80
So.-Heft 5 = DM 10,–	So.-Heft 12 = DM 14,80	So.-Heft 19 = DM 19,80
So.-Heft 6 = DM 10,–	So.-Heft 13 = DM 12,80	So.-Heft 20 = DM 19,80
So.-Heft 7 = DM 19,80	So.-Heft 14 = DM 17,80	So.-Heft 21 = DM 12,80

Auslieferung Schriftenreihen:
BfN-Schriftenvertrieb im Landwirtschaftsverlag GmbH
Postfach 480249 · 48079 Münster
Telefon 0 25 01 / 8 01-1 17 · Telefax 0 25 01 / 8 01-2 04